SONYA KRAUS | JESSI HESSELER

TÖRTCHENZEIT

SONYA KRAUS | JESSI HESSELER

TÖRTCHENZEIT

All you need is sweet

FOTOGRAFIERT
VON DER WUNDERVOLLEN
AMANDA BERENS

LÜBBE

Inhalt

7 Vorwort

I Basics – Das A und O von A bis Z

12 Die Grundausstattung
15 Das Back-ABC
20 Wie backe ich die perfekte Torte?
24 Wie backe ich die perfekten Cupcakes?

II Frühlingserwachen

32 Möhrenglück
34 Mohndieu-Törtchen
36 DIY-Osterversteck
38 Kleine Osterkränzchen
41 Frühlingsmuffins mit Aprikosen und Mandeln
42 Gefüllte Limetten-Cupcakes

III Feste feiern

46 Ja, ich will!
48 Kleine Partykracher
50 DIY-Partyhütchen
52 Baby Shower – sweet table
54 Sommerträumchen

IV Schokoholics

58 Schokomaniac hoch drei
60 Very Berry Schokoladentarte
62 Death Chocolate Cupcakes mit Feige
64 Männerschnitte
67 Kleiner Espressionist

V O du Fröhliche

72 Weihnachtstörtchen
76 Marshmallow-Happen
78 Zimtschneckenauflauf
80 Christmas Cake Pops
82 Bratapfel-Cupcakes
84 DIY-Cookie-Backmischung

VI Klassiker neu aufgelegt

88 Bienenstich-Cupcakes
90 Schwarzwälder-Kirsch-Cupcakes
92 Himbeer-Käsekuchen im Glas
94 DIY-Vom Winde verweht
96 Pfannkuchenturm mit Blaubeeren
98 Blitz-Blechkuchen

VII Klein, aber oho

102 DIY-Bestecktaschen
104 Gefüllte Karamellköstlichkeit
106 Hört, hört, lecker Curd
109 Blätterteigbirnen mit Homemade Vanillesoße
112 Herzensbrecher
114 Schöne Schnitten

VIII Geschenke machen

118 Kleines Glück – Mini Gugls im Eierkarton
120 DIY-Cupcake Kit
122 Berliner Spießburger
125 Lecker-Schmecker Pflaumen-Trifle
126 Genussknacker

IX Backen mit Kindern

130 Ufo-Törtchen
132 Flower-Power-Cupcakes
134 Kringel-dich-Donuts
136 DIY-Wabenbälle mit Tasselgirlande

X Drink me

140 Mr. Marshmallow
142 Eisiger Chai Latte
144 Viva-Italia-Limonade
146 Erdbeer-Rhabarber-Limonade
148 Melon dich mal
150 Punsch dir was
152 Bananamama

154 Register
159 Sponsoren und Bezugsquellen
160 Dank

Vorwort

Angefangen hat damals alles mit Plätzchen – zu Weihnachten, versteht sich. Zu dieser Zeit hielt mich wohl nur meine Mutter für einigermaßen backtalentiert. Nach 500 Plätzchen in den verrücktesten Sorten, die allesamt an einem Dekorationsoverload litten, versuchte ich mich vor vier Jahren erstmals zu diversen runden Geburtstagen an übermäßig opulenten Sahnetorten und stellte schnell fest: Das ist doch irgendwie eher der Chic der 80er-Jahre. Ich wollte etwas Hübsches, Zeitgemäßes – Gebackenes mit Wow-Effekt eben. Keinen 08/15-Kram.

Angefixt von amerikanischen Internetseiten und Magazinen, wurde das Backen zu meiner Passion. Modernes Backen. In diesem Zusammenhang rief ich vor über drei Jahren mein Herzensprojekt »Törtchenzeit« ins Leben, denn ich liebe es, zu backen und zu teilen. Dabei esse ich gar keinen Kuchen. Selten jedenfalls. Darüber freuen sich besonders meine Mitmenschen.

Auf meinem Törtchenzeit-Blog (www.törtchenzeit.de) erzähle ich kleine und große Geschichten zum Thema Backen, teile Rezepte und Ideen und freue mich über jeden, der mitliest. Was ist eigentlich ein Blog? Das ist so etwas wie ein virtuelles Journal. Es gibt tausend tolle Blogs zu verschiedenen Themen, die mit viel Liebe geschrieben und gestaltet sind. Ich mag die schönen Dinge des Lebens, Buntes, Köstliches und den Dutt in meinen Haaren. Den trage ich an mindestens 360 Tagen im Jahr. Ich bin Jessi, Foodbloggerin aus Köln, ein bisschen weniger als 30 Jahre alt, mein Baby heißt Törtchenzeit, und ich habe mit der wundervollen Sonya Kraus dieses Buch für euch gebacken – mit Liebe, versteht sich.

Liebe Back-Maniacs!

Sonya Kraus und backen? Häääh?

O ja! Backen ist wirklich das absolut Einzige, was ich in der Küche leidenschaftlich gern und durchaus freiwillig tue. Egal ob Plätzchen, Stückchen oder Kuchen – sobald es süß wird, man kneten, formen oder mischen darf und es nach Teig duftet, mutiere ich zur besessenen Backfee. Irgendwie erinnert mich Backen dabei immer ans Sandburgenbauen als Kind im Sommerurlaub … Es macht auf jeden Fall genauso glücklich, entspannt und ist mein persönliches Yoga!

Doch erst Jessi, das autodidaktische Backgenie, infizierte mich mit dem Törtchenvirus. Während sie mich mit irre köstlichen Rezepten belieferte, konnte ich mit Dekoideen aushelfen und als alte Heimwerkerin mit meinem DIY-Wissen brillieren. Schnell war klar: Wir sind ein super Team! Lass uns zusammen ein Buch backen! Seitdem trüffeln wir nach witzigen, aber machbaren Ideen, die Küchlein noch leckerer und schöner werden zu lassen.

Ganz wichtig: Hier gibt es wunderbare Rezepte, von easy peasy bis hin zu kleinen Königsdiziplinen – für jeden ist etwas dabei. Garniert haben wir unser Back-Werk mit Bastelideen, die Törtchen & Co. liebevoll in Szene setzen, und Präsent-Ideen – 100 Prozent handmade with love.

So, jetzt bitte lesen, Lust bekommen und loslegen!

Schoko-Kuss,
Sonya

BACK
ABC

KAPITEL I

BASICS – DAS A UND O VON A BIS Z!

Zum Anfang das Wichtigste: Tipps für jeden. Wirklich jeden. Grundlegende Basics, aber auch Tipps für das fortgeschrittene Bäckerherz, von A bis Z. Also: Füße hoch, Zeit nehmen und unsere Tipps gleich zu Anfang beherzigen. Grundrezepte für Cupcakes und Kuchen haben wir auch noch dazugepackt, die kann nämlich jeder gebrauchen. 3, 2, 1 ... los geht's! Viel Spaß beim Stöbern, Lesen, Backen und Schlemmen!

DIE GRUNDAUSSTATTUNG

Man benötigt keine Unmengen an Material, um schöne Sachen mit tollen Ergebnissen backen zu können. Die folgenden Dinge sollten dennoch in keinem auch noch so kleinen Backhaushalt fehlen:

Backformen
Um Großes zu backen, benötigt es keine 20 Backformen. Wir empfehlen eine Handvoll Formen, damit bekommt man schon einiges gebacken. Backformen gibt es mittlerweile zu fairen Preisen; sie sind in gut sortierten Supermärkten, Fachgeschäften oder im Internet erhältlich. Bei Torten sind **Silikonformen** zu empfehlen, denn sie müssen nicht mit Backpapier ausgekleidet und gefettet werden, werden nicht allzu heiß und lassen den Rand nicht anbrennen. **Metallformen** sollten grundsätzlich mit Backpapier ausgekleidet werden.
In diesem Buch werden Formen mit Durchmessern von 12 bis 20 cm verwendet.
Darüber hinaus ist eine **Cupcakeform** empfehlenswert. Zwar lassen sich die Cupcakes in ihren **Papierförmchen (Wrappern)** auch so gut backen, sie geraten dann aber meist etwas aus der Form. Wir füllen den Teig zunächst in die Papierförmchen und stellen sie dann in die Mulden des Cupcakeblechs.
Wer sich dann noch mit der Zeit eine **Tarteform** und kleine **Tartelettförmchen** anschafft, ist mehr als gut ausgestattet.

Backpapier
Backpapier ist die Geheimwaffe im Backhaushalt und darf nicht fehlen, denn es ist ein Allzweckwunder. In der Verwendung gibt es keinen Unterschied zwischen weißem und braunem Backpapier. Die weiße Variante ist nur gebleicht. Backpapier sollte auf keinen Fall mit Brotpapier verwechselt werden, es hat eine Anti-Haft-Beschichtung und reagiert ganz anders.

Elektrisches Rührgerät
Das Wichtigste: Ein elektrisches Rührgerät. Wer sich keinen Wolf rühren möchte, sollte sich, falls nicht vorhanden, ein elektrisches Rührgerät oder – wie wir es in den Rezepten nennen – einen Rührer anschaffen. Für ambitionierte Backfans lohnt sich sicher irgendwann die Anschaffung einer richtigen Küchenmaschine, sie erleichtert den Arbeitsaufwand enorm.

Kurzzeitwecker
Wer hat an der Uhr gedreht? Damit man die Backzeit immer im Auge hat, sollte man sich stets einen Wecker stellen. Braucht der Kuchen laut Rezept 30 Minuten Backzeit, wird die Uhr auf 25 Minuten gestellt und dann die erste Garprobe gemacht.

Messbecher
Er ist ebenso wichtig wie die Waage, um alle flüssigen Zutaten exakt abmessen zu können. Der Messbecher sollte über eine Anzeige in ml (Milliliter) verfügen.

Palette
Ein wichtiges Werkzeug, besonders zum Auftragen von Frostings und Cremes für Cupcakes und Torten. Eine Palette besteht meist aus einem Kunststoff- oder Holzgriff und einem Stück Edelstahl. Mit dem Edelstahlteil lassen sich Cremes auf Torten perfekt auftragen und verzieren.

Pinsel
Zum Bestreichen von Blätterteigen, Hefekränzchen und Co. eignet sich ein dickerer, flacher Pinsel besonders gut. Diese gibt es mittlerweile preisgünstig in Sets oder einzeln aus Holz oder Silikon zu erwerben.

Rost
Wir verwenden zum Backen grundsätzlich einen Backrost, kein Blech. Befindet sich der Rost auf mittlerer Höhe des Backofens, so wird der Teig von unten und oben perfekt gebacken.

Schüsseln
Beim Backen sollte man immer zwei bis drei mittelgroße oder große Schüsseln zur Verfügung haben. Gerade wenn man mit einem Handrührer arbeitet, dienen höhere Behälter als besserer Spritzschutz beim Rühren.

Sieb
Ein kleineres Sieb sollte vorerst genügen. Siebe mit Metallrand geben Stabilität und lassen sich prima einhängen; so hat man zwei Hände zum Arbeiten frei.

Spritzbeutel und Tüllen
In diesem Buch werden viele Rezepte mit einem Spritzbeutel aufgetragen. Warum? Weil es so schön aussieht! Man braucht kein 37-teiliges Set Spritztüllen, um schöne Ergebnisse zu erzielen, wir arbeiten mit maximal vier verschiedenen Tüllen. Dazu gehört eine Lochtülle (mind. 17 mm Durchmesser), Sterntüllen in verschiedenen Größen (16mm, 12mm) und eine französische Sterntülle. Spritzbeutel gibt es aus Kunststoff, Silikon oder auch als Einwegvariante, z. B. in Online-Shops wie www.torten-kram.de oder im gut sortierten Küchenfachgeschäft. Zum Befüllen des Spritzbeutels wird zunächst die Spitze des Beutels mit einer Schere abgeschnitten und die entsprechende Tülle eingelassen. Ein Weizenbierglas eignet sich besonders gut, um den Beutel zu füllen. Dafür das offene Ende des Beutels über den Rand des Glases stülpen, sodass die Spitze im Glas hängt, und die Creme mit einem Esslöffel einfüllen.

Teigroller / Nudelholz
Wir bevorzugen mittlerweile die Varianten aus Kunststoff, die sehr hygienisch sind. Natürlich funktionieren aber auch Teigroller aus Holz oder Marmor. Bei der Holzvariante sollte man darauf achten, dass das Holz sehr eben ist, sonst hat man später unschöne Kerben im ausgerollten Teig.

Teigschaber
Der Gummispachtel hilft nicht nur, die Reste des Teiges aus der Schüssel zu kratzen, er ist auch ein zuverlässiger Helfer für das Auftragen von Cremes, z. B. auf einer Tarte. Wir empfehlen einen Teigschaber mit flexibler Spachtelseite, sprich aus Silikon: Diese lässt sich biegen und passt sich besser dem Rand der Schüssel an.

Waage
Eine Waage ist beim Backen genauso wichtig wie der Ofen. Angaben beim Backen sollten grundsätzlich genau genommen werden. Wir benutzen Digitalwaagen, sie arbeiten zuverlässig und genau. Natürlich erfüllt aber auch eine mechanische Waage ihren Zweck, wiegt aber nicht zu 100 Prozent exakt.

U.S.A. PATENTS
2 271 175
2 502 367

DAS BACK-ABC

A wie Alles auf Anfang
So simpel und doch so wichtig: Alles auf Anfang. Damit meinen wir: Hinsetzen, Rezept lesen, verstehen (ganz wichtig!), Zutaten kaufen und alles parat stellen. Ein Rezept sollte vor dem Backen von hinten bis vorne gelesen werden. So prägen sich die Schritte bereits ein, und man steht beim Backen nicht vor einem unerwarteten Fragezeichen.

B wie Backofen
Wir backen mit Umluft. Und zwar immer. Mit der Zeit haben wir festgestellt, dass die Temperatur lieber etwas geringer sein darf, die Backzeit dafür etwas länger. So brennt nichts an. Geheizt wird, bis auf wenige Ausnahmen, nicht höher als 160 bis 180 Grad. Auch das Vorheizen sollte man – sofern nicht anders angegeben – nicht vergessen.

B wie Backpulver
Backpulver ist ein Gemisch aus Natron und Säurekomponente. Mittlerweile gibt es sogar glutenfreie Varianten, die auch für Allergiker geeignet sind. Ein halber Löffel Mehl zu viel ist kein Beinbruch. In Sachen Backpulver kann das schon anders aussehen. Hier sollte man es genau nehmen; keiner will Törtchen oder Cupcakes, die einem explodierten Vulkan oder einem zusammengefallenen, traurig aussehenden Haufen Teig gleichen.

B wie Baiser
Wer Baiser machen möchte, sollte ein paar kleine Kniffe beachten: Bitte immer ein fettfreies, trockenes Gefäß ohne jegliche Rückstände benutzen. Die Eier ganz sorgfältig trennen und unbedingt darauf achten, dass sich kein Eigelb zum Eiweiß verirrt. Das Eiweiß mit dem elektrischen Rührer oder mit dem Schneebesen so steif schlagen, dass es beim Umdrehen des Gefäßes nicht herausfällt, erst dann Zucker hinzugeben und nochmals kurz weiterschlagen, bis sich weiße, glänzende Spitzen bilden. Zack, da ist es, das perfekte Baiser! Aber Vorsicht: Eischnee darf nicht überschlagen werden, sonst wird er körnig und fällt traurig in sich zusammen.

B wie Blätterteig
Das Supermarktregal bietet mittlerweile tolle vorbereitete Blätterteige. Das Leben ist einfach zu kurz, um Blätterteig selbst herzustellen, finden wir. Deshalb haben wir auf die Herstellung des aufwendigen Teiges verzichtet und bei unseren Rezepten zum Fertigprodukt aus dem Kühlregal gegriffen.

B wie Blindbacken
Tarteteige müssen oft blindgebacken werden. Dazu die Tarteform fetten, den Teig ausrollen und damit auslegen. Ein zugeschnittenes Stück Backpapier auf den Teigboden der Form legen und flächendeckend mit trockenen Linsen, Erbsen oder Bohnen bestreuen. Für etwa zehn Minuten backen, kurz aus dem Ofen nehmen und Backpapier samt Linsen o. Ä. entfernen. Dies verhindert, dass der Tarteboden aufgeht. Weiterbacken, bis der Boden leicht goldbraun, aber nicht ganz fest geworden ist. Dies dauert noch mal ca. 5 Minuten.

B wie Butter
Butter verwenden wir bei Zimmertemperatur. Sollte das mal nicht so sein, weisen wir ausdrücklich darauf hin. Wenn man die Butter vor Beginn des Backens aus dem Kühlschrank nimmt und dann die anderen Zutaten bereitstellt und abwiegt, hat Butter die richtige Temperatur, um sie zu verarbeiten. Sie ist zudem sehr arm an Laktose und daher für Allergiker selten ein Problem.

C wie Cupcakes
Cupcakes sind in Deutschland angekommen, zum Glück nicht erst seit gestern. Was heißt Cupcake überhaupt? Tassenkuchen? Übersetzt und ihrem Ursprung nach – ja! Anfangs wurden Cupcakes nämlich in Tassen gebacken und dann mit einem hübschen Häubchen namens Frosting verziert. Mittlerweile gibt es Förmchen (Wrapper) aus Papier, in denen man sie einfach und ganz nach Geschmack backen kann.

C wie Cake Pops

Was sind eigentlich Cake Pops? Ganz einfach: kleine Kuchen am Stiel. In der Zubereitung etwas aufwendiger, dafür sind die Kleinen ganz große Hingucker. Zerstoßene Kekse oder Sandkuchen werden mit Frischkäse vermischt, auf einen Lollistiel gesteckt und mit Schokolade ummantelt.

D wie danebengegangen

Es ist kaum ein Backmeister vom Himmel gefallen. Grade zum Anfang empfehlen wir die Rezepte mit dem »easy peasy«-Hinweis. Sollte dennoch mal etwas schiefgehen, den Kopf nicht hängen lassen und es noch mal probieren. Ein bisschen Übung macht nämlich doch den Meister!

E wie Eier

Die Eier verwenden wir mit Zimmertemperatur und in Größe M.

E wie Eischnee

Bei Eischnee spricht man vom puren, steif geschlagenen Eiweiß. Dazu, wie beim Baiser, einen absolut fettfreien, hohen Behälter verwenden, damit nichts spritzt. Eier sorgsam trennen und mit dem elektrischen Rührer oder der Küchenmaschine steif schlagen. Der Eischnee hat die richtige Konsistenz erreicht, wenn man den Behälter auf den Kopf drehen kann, ohne dass der Eischnee rausfällt.

F wie Frosting

Das Frosting ist sozusagen das hübsche Häubchen auf dem Cupcake. Es gibt Frostings in verschiedenen Variationen, meist enthalten sie aber einen größeren Anteil Puderzucker oder Butter, damit sie eine gewisse Standfestigkeit beim Auftragen bekommen. Ein Frosting Grundrezept findest du auf S. 28.

G wie Grundteige

Ebenfalls in unserem Basic-Kapitel haben wir für jeden Geschmack ein paar gelingsichere Rezepte für tolle Grundteige aufgeschrieben.

G wie Garprobe

Sie wird auch Stäbchenprobe genannt. In vielen Rezepten dieses Buches sprechen wir von der Gar- oder Stäbchenprobe. Dazu nutzen wir einen kleinen Zahnstocher und stechen vorsichtig in die Mitte des fast fertig gebackenen Gebäcks. Es sollten keine Teigreste am Holz kleben bleiben. Wir beginnen mit der Methode, wenn drei Viertel der angegeben Backzeit vorüber sind, da alle Öfen unterschiedlich stark heizen. So wird kein Werk zu trocken oder ist womöglich innen noch roh. Denn Kuchen lässt sich leider nicht nachträglich durchbacken.

H wie Hefeteig

Angst vor Hefe? Braucht man nicht zu haben. Wir verwenden frische Hefe, die immer mit lauwarmem, nie heißem Wasser verarbeitet wird. Ein Päckchen frische Hefe wiegt 7 Gramm und benötigt 500 Gramm Mehl zur Verarbeitung. Die Hefe nach Rezept verarbeiten und den Teig in eine saubere Schüssel legen. Wir nehmen ein Küchenhandtuch, legen es über die Schüssel und stellen diese bei halb offener Ofenklappe in den Backofen. Machen dabei aber nur das Licht des Ofens an, um der Hefe die nötige Wärme zum Aufgehen zu geben.

H wie Honig

Manche Rezepte brauchen Honig. Flüssigen Honig. Dieser hat die richtige Konsistenz, um ihn perfekt in den Backwaren zu verarbeiten.

I wie Icing

Icing besteht aus Eiweiß und Puderzucker und wird zur Dekoration genutzt. Er ist dem Zuckerguss ähnlich, aber wesentlich feiner, deckender und lässt sich auf Keksen oder z. B. auch Donuts toll verarbeiten. Icing ist weiß, kann aber mit den richtigen Lebensmittelfarben entsprechend in allen Tönen eingefärbt werden. Die genutzte Icing-Variante mit Eiweiß härtet komplett aus und eignet sich deshalb auch gut, wenn man kleine Backwerke hat, die transportiert werden müssen.

K wie Kühlen

Man sollte auf keinen Fall versuchen, den Kühlprozess von Tortenböden und Co. zu beschleunigen, indem man sie in den Kühlschrank stellt. Backwerke ziehen nach, man sollte ihnen Zeit geben, bis sie bei Zimmertemperatur vollständig ausgekühlt sind, um sie weiterzuverarbeiten. Stellt man sie in den Kühlschrank, ziehen sie sich zusammen. Ergebnis: optisch unschön!

K wie Kakaopulver
Das verwendete Kakaopulver (auch Backkakao genannt) in diesem Buch ist nicht das typische Kakaopulver, das für Trinkkakao benutzt wird. Es ist ungesüßt und bei den Backwaren zu finden.

L wie Lebensmittelfarbe
Es gibt verschiedene Varianten, um Lebensmittel einzufärben. Lebensmittelfarben unterscheiden sich zunächst in ihrer Konsistenz. Es gibt sie flüssig oder in Pulverform. Die Erfahrung hat gezeigt, dass sich die flüssige Variante gut verarbeiten lässt, man braucht meist nur eine Zahnstocherspitze voll Farbe, um einen guten Farbton zu bekommen. Je nach Farbwunsch muss die Dosierung ggfs. erhöht werden. Lebensmittelfarben gibt es leider bisher nur in Fachgeschäften oder dem Internet (z. B. über www.torten-kram.de) von der Firma Wilton oder Sugarflair. Mit den Produkten beider Firmen erzielt man tolle Ergebnisse. Achtung: Die Lebensmittelfarben in den Grundfarben aus dem Supermarkt sind nicht die, die in den Rezepten verwendet werden, denn die eignen sich nicht zum Einfärben.

L wie Lightprodukte
Backen ist Vergnügen. Backen ist Genuss, und deshalb sollte man nicht probieren, mit Lightversionen von Sahne, Crème fraîche und Co. zu experimentieren. Gerade bei Frostings gibt das Fett den Vollwertversionen die nötige Festigkeit. Diätet werden kann woanders, aber bitte nicht bei gebackenen, hausgemachten Köstlichkeiten.

M wie Muffins
Sind nicht das Gleiche wie Cupcakes. Muffins haben kein Frosting und werden nicht aufwendig dekoriert und verziert. Meist werden sie mit rustikalen Zutaten wie Hefe oder Körnern verarbeitet. Sie eignen sich auch fantastisch zum Frühstücken.

M wie Mehl
Verwendet wird grundsätzlich normales Weizenmehl Type 405, sofern nicht anders angegeben. Diese Sorte Mehl eignet sich für die meisten Backwaren.

M wie Manschetten
Kleider machen Leute und Manschetten Cupcakes und Muffins. Mittlerweile gibt es sie aus Papier in allen Formen, Größen und Mustern. Der Kreativität sind zum Glück keine Grenzen mehr gesetzt. Sie werden auch Papierförmchen oder Wrapper genannt.

N wie Natron
Auch als Backsoda oder Kaiser Natron bekannt und bei den Backwaren im Supermarkt zu finden. Natron ist wie Backpulver ein Treibmittel, wird aber erst in Kombination mit sauren Bestandteilen im Teig zum Treibmittel. Deshalb kann man Natron und Backpulver nicht einfach im Verhältnis 1 : 1 austauschen. Man kann zwar in Rezepten Natron durch Backpulver ersetzen, aber nicht Backpulver durch Natron, weil dann eventuell die saure Komponente im Rezept fehlt.

O wie Obers
»Obers« sagt man in Österreich zur Sahne – weil sie oben auf der Milch schwimmt. Schlagobers ist dann Schlagsahne – ein schönes Wort, oder?

P wie Puderzucker
Puderzucker ist sehr fein gemahlener Zucker. Er sollte nicht feucht werden, sonst bildet er Klumpen. Wer einen leistungsstarken Standmixer und keinen Puderzucker mehr im Haus hat, der kann Puderzucker einfach selbst herstellen. Zucker in die Maschine geben und auf höchster Stufe ca. 1 Minute mahlen.

Q wie Qualität statt Quantität
Es muss zwar nicht immer Bio sein, aber es gibt durchaus Produkte, wo es sich lohnt, ein oder zwei Euro mehr zu investieren. Bei Obst zum Beispiel. Besonders Beeren aus regionalem Anbau sind geschmacklich einfach ein viel größerer Kracher als ihre importierten Freunde. Wer beim Bauern ums Eck kauft, wird von uns gelobhuddelt, versprochen!

R wie Rosinen
Braucht man für manche Rezepte – und zum Naschen zwischendurch. Am liebsten ungeschwefelte Rosinen aus dem Bioladen, die schmecken einfach um Längen besser.

S wie Sahne

Kein Grund zur Panik – Sahne richtig steif schlagen ist gar nicht so schwer, versprochen. Steife Sahne braucht aber auch wie Eiweiß ein fettfreies Gefäß, um zu gelingen. Grundsätzlich gilt: Die flüssige Sahne sollte unbedingt kalt sein, dann lässt sie sich besser steif schlagen. Besonders im Sommer hilft ein Päckchen Sahnesteif für ein sicheres Ergebnis. Um ein Überschlagen zu vermeiden, empfehlen wir, die Sahne mit dem Schneebesen steif zu schlagen (danach muss man auch nicht mehr zum Sport). Wer ein wenig Erfahrung und ein gutes Auge mitbringt, darf sich auch an den elektrischen Rührer oder die Küchenmaschine trauen.

S wie Schokolade schmelzen

Schokolade schmilzt bereits bei 34 Grad. Es gibt zwei Methoden, Schokolade zu schmelzen. Anfängern empfehlen wir die Wasserbad-Methode: Dazu Schokolade in einen kleinen Topf mit Henkeln füllen. Einen größeren Topf halb mit Wasser füllen und dieses zum Köcheln bringen. Kleinen Topf mit den Henkeln in den großen einhängen und die Schokolade langsam zergehen lassen. Für die zweite Methode die Schokolade direkt in einen kleinen Topf geben und bei sehr geringer Hitze unter ständigem Rühren zum Schmelzen bringen. Bei dieser Methode besteht schnell die Gefahr des Anbrennens, deshalb bitte nicht aus den Augen lassen. Besonders weiße Schokolade ist eine Diva in Sachen Schmelzen, sie brennt noch schneller an.

T wie tiefgekühlte Beeren

Eignen sich fantastisch, wenn sie in Pfannkuchen, Cupcakes oder Törtchen eingebacken werden sollen. Wer sie als Deko nutzt, sollte lieber zur frischen Variante greifen, sie sind nicht nur dekorativer, sondern wässern auch nicht nach.

U wie Unterheben

In manchen Rezepten wird angegeben, dass z. B. Eischnee untergehoben werden muss. Dabei sollte man behutsam vorgehen. Wer Schlagsahne oder Eischnee unterheben möchte, sollte wissen, dass diese zusammenfallen können. Beim Unterheben ist es das Ziel, die leichtere Substanz homogen unter die schwerere Teigmasse zu heben. Dies funktioniert am besten mit einem Gummispachtel, und zwar löffelweise. Bitte nicht den Fehler machen und die gesamte Schlagsahne/Eischnee sofort unter den Teig geben. Damit riskiert man, dass die Masse beim Unterheben zusammenfällt. Und wer hat schon Lust auf ein steinhartes Törtchen?

V wie Vorbereiten

Ein goldener Rat: Alle Zutaten vorher abgewogen und abgemessen bereitstellen. Dies wird besonders Anfängern den Backvorgang erheblich erleichtern. Ein guter Trick, um zu prüfen, ob nichts vergessen wurde, ist die Anzahl der Backzutaten im Rezept zu zählen und dann die Anzahl der bereitgestellten.

W wie Wiegen

Wir wiegen alle festen Zutaten, z. B. Mehl, Zucker und Butter. So kann die Grammzahl am besten und genauesten bestimmt werden. Flüssige Zutaten wie Milch, Buttermilch oder Honig messen wir mit einem Messbecher, Kleinstangaben wie Backpulver mit einem Teelöffel.

X und Y wie ...

Kennt etwa jemand einen Backtipp mit X oder Y? Dann her damit!

Z wie Zucker

Wenn nicht anders angegeben, meinen wir in unseren Rezepten raffinierten Zucker, auch Kristallzucker genannt.

Z wie Zutaten ersetzen

Mehl sollte nur zu kleinen Teilen ersetzt werden, also maximal 50 Gramm. Als Ersatz eignen sich gemahlene Nüsse (z. B. Haselnüsse), aber auch Haferflocken. Da Butter größtenteils aus Öl besteht, kann man Butter problemlos durch dieses ersetzen. Dabei werden 50 g Butter durch 40 g Öl und die Zugabe von 10 g Wasser ersetzt. Allerdings sollte man dann Pflanzen-, kein Olivenöl benutzen, der Eigengeschmack ist einfach zu intensiv. Grundsätzlich sollte aber zur Butter gegriffen werden, sie macht den Teig leichter als das Öl.

WIE BACKE ICH DIE PERFEKTE TORTE?

Gebackenes soll nicht nur gut schmecken, sondern auch hübsch aussehen und im besten Fall einen Oho-Effekt haben. Das bekommt jeder hin – mit ein paar einfachen Tricks, Kniffen und kleinen Step-by-Step-Anleitungen für alle Fälle.

Unverzichtbare Tipps rund um die Tortenbackerei

- Die Tortenböden am besten einzeln backen. Dies hat mehrere Gründe: Wenn man die komplette Teigmasse aus den Rezepten in einer Form backt, sind diese meistens nicht hoch genug und der Teig braucht so lange, bis er durchgebacken ist, dass die Oberfläche oder Ränder oft schon anbrennen. Zudem spart man sich den aufwendigen Akt, die Torte nachher in drei gleich hohe, gerade Böden zu schneiden.

- Für Torten empfiehlt sich die Anschaffung von Silkonbackformen (z. B. über Silikonmat). Diese Formen müssen nicht gefettet werden, und der fertig gebackene Tortenboden lässt sich perfekt und formschön lösen.

- Wer zur Backform aus Metall greift, sollte diese mit Backpapier auskleiden, damit sich der Boden besser aus der Form lösen lässt. Dazu am besten die Form auf ein Stück Backpapier stellen, den Boden mit einem Stift ummalen und den Kreis ausschneiden. Diesen dann auf den Boden der Form legen. Für den Rand einen Streifen zuschneiden, der so hoch ist wie der Rand der Form. Diesen dann entlang des Randes legen, um die Form von innen komplett auszukleiden. Je nachdem, wie groß die Backform ist, braucht man 2 oder 3 Streifen.

- Nach dem Backen die Böden einfach für 10 bis 15 Minuten in der Form lassen. So können sie in Ruhe abkühlen und lassen sich dann besser lösen. Zum Lösen bekleidet man am besten einen Rost oder Kuchengitter mit Backpapier, stürzt den Tortenboden darauf und lässt ihn so komplett auskühlen.

- Beim Backen entsteht meist eine leichte Wölbung an der Oberseite der Tortenböden. Um einen flachen Tortenboden zu bekommen, kann dieser »Deckel«, wenn die jeweiligen Böden vollständig ausgekühlt sind, mit einem großen Messer ohne Zacken grade abgeschnitten werden.

- Einen Tortenboden mit der offenen Seite nach oben legen und mit Hilfe einer Streichpalette mit der Füllung bestreichen (Bild 1). Die Füllung darf dabei ruhig etwas über den Rand des Bodens ragen.

- Den zweiten Tortenboden aufsetzen, leicht andrücken und den Vorgang wiederholen (Bild 2). Den dritten Tortenboden auf die bereits gestapelten Böden auflegen und auch diesen wieder leicht andrücken (Bild 3).

- Das Törtchen zuerst oben, dann rundum dünn mit dem Frosting bestreichen (Bild 4). Torte nun für mindestens 30 Minuten in den Kühlschrank stellen, sodass die dünne Schicht Frosting fest wird. Dies dient dazu, alle Krümel der Böden im Frosting zu binden, damit man das Törtchen später hübsch und krümelfrei ummanteln kann.

- Törtchen aus dem Kühlschrank nehmen und den letzten Schritt wiederholen. Dazu so viel Frosting nutzen, dass das Törtchen flächendeckend ummantelt ist und die Böden nicht mehr durchschimmern. Um eine glatte Oberfläche zu bekommen, nutzt man am besten eine Teigkarte (ein Spachtel aus Kunststoff).

Torten Grundrezept 1

Das köstlichst-tiefbraunste und saftigste Schokoladentörtchen überhaupt: für ein Törtchen mit 3 Böden und ca. 18-21 cm Durchmesser

ZUTATEN

375 ml Malzbier
375 g Butter

120 g ungesüßtes Kakaopulver (Backkakao)

650 g Zucker
4 Eier
210 ml Buttermilch
420 g Mehl
1 TL Backpulver

1. Den Ofen auf 175 Grad (Umluft) vorheizen.
2. Für den Teig das Malzbier und die Butter in einen Topf geben und bei mittlerer Hitze die Butter komplett im Malzbier zum Schmelzen bringen.
3. In einer Schüssel Backkakao und Zucker gründlich vermischen und beiseitestellen. Sobald die Butter geschmolzen ist, die Malzbierbutter in eine große Schüssel geben. Den Kakao mit dem Zucker löffelweise untermengen und mit dem Rührer vermengen.
4. Die Buttermilch in einen Behälter geben, die Eier hinzugeben und gründlich mit einer Gabel vermengen. Diese Flüssigkeit dann ebenfalls mit dem Rührer unter die Masse in der Schüssel mixen.
5. Das Mehl mit dem Backpulver mischen und löffelweise in die Flüssigkeit einrühren, bis ein schöner, glatter Teig daraus geworden ist. Dieser wird ziemlich flüssig sein, darüber bitte nicht wundern, so ist er genau richtig.
6. Jeden Boden ca. 30 Minuten backen. Stäbchenprobe nicht vergessen.

Torten Grundrezept 2

Hier ein weiteres Grundrezept für ein ganz schön leckeres Nusstörtchen. Geheimzutat: Schokoladenbrotaufstrich! Es schmeckt am zweiten und dritten Tag noch besser und lässt sich auch deshalb 1a vorbereiten. Für ein Törtchen mit 3 Böden und ca. 18-21 cm Durchmesser

ZUTATEN
150 g Butter
220 g Zucker
1 Päckchen Vanillezucker
1 Prise Salz
6 Eier
250 g Magerquark

200 g Schokoladenbrotaufstrich (z. B. Nutella)

200 g gemahlene Haselnüsse

3 TL Weinstein-Backpulver

160 g Mehl

1. Den Ofen auf 160 Grad (Umluft) vorheizen.
2. Butter, Zucker, Vanillezucker und Salz in eine Schüssel geben und mit dem Rührer hellgelb aufschlagen, bis die Masse eine schaumige Konsistenz hat. Dies dauert ca. 10-12 Minuten.
3. Eier aufschlagen und nach und nach hinzugeben. Nach jedem Ei die Masse wieder komplett verrühren.
4. Nun Schokoladenbrotaufstrich und den Quark mit in die Schüssel geben und erneut gründlich vermengen. Dann die gemahlenen Haselnüsse mit einem Löffel unterziehen.
5. Das Backpulver und das Mehl in einer Schüssel vermengen und dann zum Teig geben. Die gesamte Masse noch einmal vermengen, bis ein homogener Teig entstanden ist.
6. Die Teigmenge dritteln und Böden ca. 30 Minuten einzeln backen. Wer mag, kann die Zutatenmenge halbieren und einen einfachen Kuchen backen. Die Backzeit verlängert sich auf ca. 50 Minuten. Stäbchenprobe aber nicht vergessen.

WIE BACKE ICH DIE PERFEKTEN CUPCAKES?

Mit unseren tollen Rezepten rund um Cupcakes
kann jeder selbst kreativ werden und diese Grundrezepte variieren.
Probier es doch mal aus! Ein paar frische Früchtchen
machen sich auch immer toll als Hingucker und kulinarischer
Leckerbissen auf einem Frosting.

Unverzichtbare Tipps rund um die Cupcakebackerei …

- Da in allen im Buch verwendeten Cupcakerezepten Backpulver verwendet wird und diese deshalb beim Backen noch aufgehen, füllt man die Wrapper nie bis zum Rand. Die Förmchen sollten maximal zu 3/4 gefüllt sein. Gerade wenn die Cupcakes noch mit einem Frosting verziert werden, brauchen sie etwas Platz nach oben.
- Trotz speziellem Cupcakebackblech sollte auf Wrapper nicht verzichtet werden. Besser ist es, die Mulden der Backform mit Wrappern auszulegen und die Cupcakes darin zu backen, statt nur das blanke Blech zu benutzen. Man hat dann keine Probleme, die Cupcakes samt Wrapper aus der Form zu heben, und sie sind gleich im hübschen Gewand.
- Keine Cupcakewrapper zur Hand? Ganz einfach: Allzweckwunder Backpapier. Einfach zwei Quadrate von je ca. 10 x 10 cm schneiden und diese leicht versetzt in die Mulden des Cupcakebackbleches hineindrücken. Dann vorsichtig mit dem Teig füllen. So entstehen schnell selbstgemachte Wrapper, die sich super lösen lassen.

… und rund ums Frosting

- Es lohnt sich, in ein Weizenbierglas zu investieren. Den Spritzbeutel mit der Tülle bestücken und diesen dann über den Rand des Glases stülpen. So lässt sich der Beutel wunderbar ohne Kleckerei befüllen.
- Dann solltest du darauf achten, den Spritzbeutel ohne Luftblasen zu füllen. Dies verhindert man, indem die Creme vorsichtig von oben nach unten in den Beutel gedrückt wird. Luftblasenfrei lässt sich das Frosting nachher hübsch auftragen.
- Wer keinen Beutel und Tülle zur Hand hat, kann das Frosting auch problemlos mit einem Messer oder einer kleinen Palette auftragen. Sogar ein kleiner Löffel eignet sich gut.
- Hilfe, das Frosting ist zu flüssig, was tun? Puderzucker hinzufügen! Puderzucker verleiht Halt. Dabei sollte man darauf achten, dass der zusätzliche Puderzucker nur noch gesiebt und peu à peu in das eigentlich schon fertige, aber zu flüssige Frosting gegeben wird. Sonst bilden sich Klumpen.
- Das Frosting wird auch fester, wenn man es vor der Verarbeitung für ca. 20-30 Minuten in den Kühlschrank stellt. Besonders bei heißen Temperaturen ist dies ein guter Tipp für die Verarbeitung.

Cupcake Grundrezept 1

Ganz schön schnell gemacht, das gefällt. Dieses herrlich fixe Cupcakerezept kommt neben seiner Grundvariante mit ganzen drei Geschmacksalternativen daher.
Für 8 köstlich-helle, vanillige Cupcakes

ZUTATEN
140 g Mehl
120 g Zucker
1 TL Backpulver
40 g Butter
120 ml Buttermilch
1 Vanilleschote
1 Ei

1. Den Ofen auf 175 Grad (Umluft) vorheizen.
2. Mehl, Zucker, Backpulver und Butter mit dem Mixer vermengen. Danach die Buttermilch, das Mark der Vanilleschote und das Ei mit dem Schneebesen in einem separaten Behälter verquirlen. Diese Masse dann unter den Teig geben. Das Ganze ca. eine Minute auf langsamer Stufe zu einer homogenen, glatten Masse verrühren.
3. Teig zu knapp 3/4 in die Cupcakeförmchen füllen, auf mittlerer Schiene für ca. 18 Minuten backen, bis die Oberfläche goldbraun ist. Stäbchenprobe nicht vergessen!
4. Cupcakes aus dem Ofen nehmen und komplett auskühlen lassen.

Variante 1: Nuss

Zutaten bleiben bestehen, lediglich 30 g Mehl werden durch 15 g gemahlene Mandeln und 15 g gemahlene Haselnüsse ersetzt.

Variante 2: Kokos

Zutaten bleiben bestehen, unter die Mehlmasse werden zusätzliche 40 g Kokosraspel gehoben. Sommerfeeling olé!

Variante 3: Zitrone-Mohn

Zutaten bleiben bestehen, 1/2 TL geriebene Zitronenschale (Bio) sowie 20 g Backmohn werden zur Mehlmasse hinzugefügt.

Cupcake Grundrezept 2

Warum noch mal das gleiche Rezept wie beim Grundrezept für das schokoladige Törtchen? Weil es kein besseres gibt und weil sich aus dem Rezept die besten Törtchen und Cupcakes backen lassen. Wir haben die Mengenangabe angepasst, sodass man aus diesem Rezept ca. 10 tiefschwarze Schoki-Cupcakes backen kann.

ZUTATEN
125 ml Malzbier
125 g Butter

40 g ungesüßtes Kakaopulver (Backkakao)

180 g Zucker
1 Ei
70 ml Buttermilch
140 g Mehl
½ TL Backpulver

1. Den Ofen auf 175 Grad (Umluft) vorheizen.
2. Für den Teig das Malzbier und die Butter in einen Topf geben und bei mittlerer Hitze die Butter komplett im Malzbier zum Schmelzen bringen.
3. In einer Schüssel Backkakao und Zucker gründlich vermischen und beiseitestellen. Sobald die Butter geschmolzen ist, die Malzbierbutter in eine große Schüssel geben. Den Kakao mit dem Zucker löffelweise untermengen und mit dem Rührer vermengen.
4. Die Buttermilch in einen Behälter geben, die Eier hinzufügen und gründlich mit einer Gabel vermengen. Diese Flüssigkeit dann ebenfalls mit dem Rührer unter die Masse in der Schüssel mixen.
5. Das Mehl mit dem Backpulver mischen und löffelweise unter Rühren zu der Flüssigkeit geben, bis ein schöner, glatter Teig daraus geworden ist. Dieser wird ziemlich flüssig sein, darüber bitte nicht wundern, so ist er genau richtig.
6. Das Cupcakeblech vorbereiten, die Wrapper mit dem Teig befüllen und für ca. 18 Minuten backen. Stäbchenprobe nicht vergessen.

Grundrezept Frosting

Hier ein tolles Grundrezept für ein Frosting. Das kann man wunderbar für Cupcakes benutzen, aber auch, um Torten zu ummanteln. Dafür einfach die Menge verdoppeln. Für 10 Cupcakes.

ZUTATEN
40 g Butter
225 g Puderzucker
110 g Frischkäse

Evtl. Vanillezucker

Evtl. Lebensmittelfarbe (z. B. von Wilton)

1. Butter und Puderzucker in eine große Schüssel geben und mit dem Rührer so lange vermengen, bis sich die Butter aufgelöst hat.
2. Dann den Frischkäse hinzugeben und erneut für ca. 1 Minute mit dem Rührer vermengen, bis das Frosting klümpchenfrei und schön glatt geschlagen ist.
3. Das Frosting kann noch mit Vanille verfeinert oder mit einer hübschen Lebensmittelfarbe eingefärbt werden. Dazu ca. eine Zahnstocherspitze der Lebensmittelfarbe in das Frosting mischen.

Die perfekte Tülle

Ein paar Törtchen und Cupcakes später haben sich im Backzubehör ganz klar Favoriten in Sachen Spritztüllen herauskristallisiert, die wir nicht mehr missen möchten. Schau mal, hier sind drei Spritztüllen, die man toll verwenden kann, um Gebackenes professionell zu verzieren. Das klappt nicht so gut? Hier macht Übung mit Sicherheit den Meister!

Links siehst du die Lochtülle (18 mm):
Damit gelingt dir ein hübsches, locker-fluffiges Frosting-Türmchen. Am besten, du beginnst in der Mitte des Cupcakes zu frosten und arbeitest dich dann hoch hinaus. Wie hoch? Bleibt dir selbst überlassen.

In der Mitte siehst du die französische Tülle (15 mm):
Sie zaubert filigrane und außergewöhnliche Ergebnisse. Besonders gern verwenden wir sie zur Törtchendeko.

Rechts siehst du die geschlossene Sterntülle:
Unsere Lieblingstülle! Damit sieht jedes Frosting einfach locker und so was von zum Reinbeißen köstlich aus. Mit der Sterntülle spritzt du das Frosting am besten von außen nach innen auf und schließt das Ende des Frosting-Türmchens mit einer hübschen Spitze ab.

Tüllen in allen Formen und Größen gibt es z. B. von der Firma Wilton (über das Internet zu beziehen).

KAPITEL II

FRÜHLINGS-ERWACHEN

Frostbeulendasein ade! Die ersten Sonnenstrahlen der Lieblingsjahreszeit sind da, und es wird aufgetischt. Frühlingsgefühle aufgepasst: Mit Leckereien wie den kleinen Hefekränzchen zu Ostern, dem herzallerliebsten DIY zum Verschenken oder der fantastischen Möhrentorte bleibt kein Wunsch offen.

MÖHRENGLÜCK

Möhren passen zu Ostern wie Tannenbäume zu Weihnachten. Vielleicht sogar noch ein wenig besser. Deshalb hier das ultimative »Haddu Möhrchen«-Törtchenrezept für ein perfektes Osterfest. Pssst: Schmeckt auch außerhalb der Ostersaison saftig-lecker!

ZUTATEN
500 g Möhren mit Grün

80 ml Buttermilch
3 Eier
1 TL Vanillearoma
350 ml Pflanzenöl
380 g Zucker
500 g Mehl
2 TL Backpulver
1 Messerspitze Salz
½ TL Zimt

FÜR DIE CREME
120 g Butter
700 g Puderzucker
250 g Frischkäse

FÜR DIE DEKO
5 EL Krokant

5 Möhrenköpfchen mit Grün (beim Schälen und Raspeln beiseitelegen)

WERKZEUGE
Backform mit 20 cm Durchmesser

Küchenreibe
Kleine Streichpalette

1. Den Ofen auf 165 Grad (Umluft) vorheizen.
2. Die Möhren schälen und sehr fein reiben, überschüssigen Saft der Möhren abschütten. Möhren, Buttermilch, Eier und Vanillearoma, Öl und Zucker in eine große Schüssel geben und mit dem Rührer für ca. 2 Minuten vermengen.
3. Mehl, Backpulver, Salz und Zimt in eine zweite Schüssel geben und mit einem Löffel vermengen. Dann die Mehlmasse löffelweise in die andere Schüssel geben und immer wieder verrühren, bis der Teig glatt vermengt ist.
4. Die Teigmenge dritteln und die Böden einzeln für je ca. 20 Minuten backen. In der Zwischenzeit die Creme vorbereiten. Dazu Butter und Puderzucker mit dem Rührer so lange in einer Schüssel vermengen, bis sich die Butter aufgelöst hat. Dann den Frischkäse hinzugeben. Die Konsistenz sollte relativ fest, aber noch cremig sein.
5. Nachdem die Böden ausgekühlt sind, diese jeweils mit 1/3 der Creme bestreichen und stapeln. Danach das gesamte Törtchen dünn mit einer Schicht Creme ummanteln und für mindestens 30 Minuten in den Kühlschrank stellen. Die Torte aus dem Kühlschrank nehmen und nochmals mit dem Rest der Creme ebenmäßig ummanteln (schau dir dazu mal die Tipps auf Seite 21) an. Dann vorsichtig mit der Streichpalette am unteren Rand des Törtchen ansetzen und die Palette sanft in der Creme nach oben ziehen, sodass ein Streifen entsteht. Den Vorgang rund um das Törtchen wiederholen.
6. Die unteren 2 cm mit Krokant bestreuen; auch dazu eignet sich die Palette gut. Zum Schluss das Grün der beiseitegelegten Möhren auf 3 cm kürzen und die Torte damit dekorieren.

MÖHRENGLÜCK

FÜR 1 TÖRTCHEN
MIT 20 CM
DURCHMESSER

MOHNDIEU-TÖRTCHEN

Oh là là! Sieh einer an, das macht was her, und zwar nicht nur optisch. Sauer macht nicht nur lustig, sondern auch sehr glücklich – zumindest im Falle dieses hübschen Hingucker-Törtchens. Die Böden für das kleine Werk dürfen gern am Vortag gebacken werden und über Nacht in Frischhaltefolie verpackt im Kühlschrank auf die nächsten Schritte warten.

KLEINE KÖNIGSDISZIPLIN

ZUTATEN FÜR DEN TEIG
200 g weiche Butter
700 g Mehl
300 g Zucker
3 TL Backpulver
3 EL Mohn
300 ml Milch
6 Eiweiß
10 ml Zitronensaft

FÜR DIE CREMEFÜLLUNG
125 g Mascarpone
100 g Frischkäse
75 g Puderzucker

Abgeriebene Schale von ½ Bio-Zitrone

FÜR DIE CREME ZUM UMMANTELN (FROSTING)
400 g Puderzucker
70 g Butter
120 g Frischkäse

1 Tropfen gelbe Lebensmittelfarbe (z. B. von Wilton)

2 EL Mohn

WERKZEUGE
Spring- oder Silikonform, Durchmesser 18 cm.

Reibe
Spritzbeutel
Spritztülle, hier wurde eine französische benutzt

1. Den Ofen auf 175 Grad (Umluft) vorheizen.
2. Die Butter in einer großen Schüssel mit dem Rührer schaumig rühren. In einer zweiten Schüssel das Mehl, den Zucker, das Backpulver und den Mohn mit einem Löffel untereinanderheben.
3. Die Zutaten aus der zweiten Schüssel zu der Butter geben und erneut mit dem Rührer für ca. 1 Minute vermengen. Dann nach und nach die Milch hinzugeben, bis eine glatte Masse entstanden ist. Im Anschluss Zitronensaft und Eiweiß hinzugeben.
4. Den Teig dritteln und die Böden nacheinander, einzeln für jeweils ca. 25-30 Minuten backen. Stäbchenprobe nicht vergessen.
5. In der Zwischenzeit die Cremefüllung vorbereiten. Dafür den Mascarpone in eine Schüssel geben und mit dem Rührer auf niedriger Stufe ganz kurz aufschlagen, Frischkäse hinzugeben und zu einer glatten Masse rühren, dann Puderzucker hinzugeben und so lange weiterrühren, bis sich dieser aufgelöst hat. Zum Schluss die abgeriebene Zitronenschale zugeben.
6. Nun die Creme für das Ummanteln vorbereiten. Dafür den Puderzucker und die Butter in Stücken in eine Schüssel geben und gründlich mit dem Rührer vermischen. Dann den Frischkäse löffelweise hinzugeben. Bitte darauf achten, dass das Frosting dabei nicht zu flüssig wird. Die Konsistenz sollte fest-cremig sein und nicht vom Löffel fließen. Lieber auf ein paar Gramm Frischkäse verzichten oder ein wenig mehr Puderzucker hinzugeben. Das macht das Frosting wieder fester. Einen Tropfen Lebensmittelfarbe hinzugeben, noch einmal kurz, aber sehr gründlich vermischen, bis das Frosting komplett gelb ist.
7. Nachdem die Böden komplett ausgekühlt sind (oder am nächsten Tag) nach der Basic-Anleitung auf Seite 21 füllen und ummanteln. Bei der gelben Creme darauf achten, dass ca. 3 EL übrig bleiben.
8. Spritzbeutel mit gelbem Frosting füllen, kleine Tupfer dicht an dicht auf den oberen Rand der Torte setzen und mit dem restlichen Mohn nach Belieben verzieren.
9. Das Törtchen bis zum Verzehr im Kühlschrank lagern.

DIY-OSTERVERSTECK

Osternester haben jetzt ausgedient. Wir haben eine neue, noch viel schönere Verpackungsmöglichkeit für die Suche am Osterfest mitgebracht. Das Tolle daran: Die Gläser können nach dem Fest auch zweckentfremdet werden und dienen fantastisch für Sammelsurien von Kleinkram.

WERKZEUGE

Alte Marmeladengläser mit Schraubverschluss in beliebigen Größen

Gummitiere (wir haben verschiedene Hasen verwendet)
Sprühlacke in Farben nach Wahl

Alte Zeitungen

Füllmaterial wie z. B. Wiener Mandeln, Marshmallows oder auch Bares

Heizklebepistole oder Sekundenkleber

1. Die Deckel von den Gläsern schrauben und diese beiseitestellen. Zeitungspapier großflächig ausbreiten (wer die Möglichkeit hat, draußen zu basteln, sollte das tun) und die Deckel mit der Unterseite auf das Papier legen.
2. Sprühlack kräftig schütteln und die Deckel mit einem Abstand von mindestens 50 cm besprühen. Diesen Vorgang bei allen Deckeln wiederholen, bis die Deckel deckend farbig lackiert sind.
3. Während der Trockenzeit eine zweite Zeitung ausbreiten, darauf die Figuren platzieren. Diese nun ebenso ansprühen. Die Farbe wird beim ersten Mal nicht ganz deckend sein. Bei den Figuren ist es hilfreich, sie von allen Seiten zu besprühen. Um an alle Stellen zu gelangen, können sie auch zwischenzeitlich hingelegt werden.
4. Die Deckel und Figuren mindestens drei Stunden trocknen lassen.
5. In der Zwischenzeit die Gläser befüllen. Wenn die Deckel und Tiere vollständig getrocknet sind, auf die Unterseite der Tiere vorsichtig etwas Kleber auftragen und mittig auf die Deckel drücken. Eine Minute halten, danach vollständig trocknen lassen.

KLEINE OSTERKRÄNZCHEN

Hier muss sich niemand auf die Suche nach den Ostereiern machen, sie haben ihren festen Platz in den kleinen Hefekränzchen gefunden und machen sich ganz hervorragend als Dekoration an der gedeckten Frühstückstafel zum Osterfest.

ZUTATEN
500 g Mehl
250 ml Milch
50 g Butter
1 Prise Salz
80 g Zucker
1 Päckchen frische Hefe
1 Eigelb
Etwas Hagelzucker
Bunte Eier zum Befüllen

WERKZEUGE
Pinsel
Backpapier

1. Den Ofen auf 175 Grad (Umluft) vorheizen.
2. Alle Zutaten bis auf das Eigelb und den Hagelzucker in einer Schüssel zusammengeben und mit der Hand oder einem Rührer verkneten, bis sich die Zutaten verbunden haben.
3. Die Masse in eine saubere Schüssel geben und mit einem Handtuch abdecken. Eine Stunde aufgehen lassen. Die Teigmenge sollte sich in dieser Zeit verdoppelt haben.
4. Den Teig mit etwas Mehl mit den Händen durchkneten, in 16 gleich große Stücke teilen.
5. Alle Stücke zu 25 cm langen Schnüren von je 2 cm Dicke rollen (nicht dicker, sie gehen im Ofen noch auf), dann je zwei Schnüre am Ende zusammendrücken und immer wieder übereinanderschlagen.
6. Die 8 Kränzchen so formen, dass ein Loch für das Ei bleibt. Die Enden mit etwas Eigelb bestreichen und zusammendrücken.
7. Auf einem Backpapier für ca. 20 Minuten backen, nach fünf Minuten rundum mit Eigelb bestreichen und mit Hagelzucker nach Belieben überstreuen.

KLEINE OSTERKRÄNZCHEN

FÜR 8 STÜCK

FRÜHLINGSMUFFINS
MIT APRIKOSEN UND MANDELN

Hach, wie die duften! Aprikosen, Mandeln und Honig machen die Freude auf die schöne Jahreszeit noch größer. Und das Beste: Dieses Rezept ist sogar für Allergiker geeignet! Happy baking!

*Für **6** große oder **12** kleine Muffins – glutenfrei!*

ZUTATEN
350 g Reismehl (Reformhaus)
2 TL Weinsteinbackpulver (glutenfrei)
1 Messerspitze Salz
½ TL Zimt, gemahlen
150 g brauner Zucker
100 g Frischkäse, Doppelrahmstufe
50 g Butter
2 Eier

300 g frische Aprikosen (alternativ auch Konserve)

2 EL flüssiger Honig zum Bestreichen

4 EL Mandelblättchen zum Dekorieren

WERKZEUGE
Papierförmchen zum Backen
Pinsel

1. Den Ofen auf 180 Grad (Umluft) vorheizen.
2. In einer Schüssel Mehl, Weinsteinbackpulver, Salz und Zimt mischen und mit einem Löffel vermischen.
3. In einer zweiten Schüssel Zucker, Frischkäse, Butter und Eier mit dem Rührer vermengen. Die Mehlmischung aus der anderen Schüssel nach und nach dazugeben und langsam mit dem Rührer vermischen.
4. Aprikosen entkernen und in sehr kleine Würfel schneiden. Vorsichtig mit einem Löffel unter die Teigmasse ziehen
5. Papierförmchen zu drei Viertel mit dem Teig befüllen, für ca. 20–25 Minuten backen (Stäbchenprobe nicht vergessen).
6. Aus dem Ofen nehmen, fünf Minuten abkühlen lassen.
7. Mit einem Pinsel großzügig mit flüssigem Honig bestreichen, Mandelblättchen darüberstreuen.

GEFÜLLTE LIMETTEN-CUPCAKES

Nach wochenlanger klirrender Kälte gibt's nur eins:
Man fährt in den Urlaub, um den Winter hinter sich zu lassen. ODER:
Man backt diese Cupcakes, die Frühlingsgefühle wecken.
Zweiteres ist garantiert die günstigere und auch schnellere Variante,
also ausprobieren – hilft 1a gegen jeden Winterblues.

ZUTATEN FÜR DEN TEIG

100 g Butter

100 g Frischkäse (Doppelrahmstufe)

Schale von einer abgeriebenen Limette

130 g Zucker
2 Eier
125 g Mehl
1 TL Backpulver
½ TL Natron
½ TL Limettensaft

FÜR DAS FROSTING

80 g weiche Butter

160 g Frischkäse (Doppelrahmstufe)

400 g Puderzucker

Schale von einer abgeriebenen Limette

WERKZEUGE

Muffinblech

12 Cupcake-Wrapper

Grüne Lebensmittelfarbe

Sieb

Spritzbeutel (bei Einwegspritzbeuteln 2 Stück)

1 Sterntülle, mittelgroß

1. Den Backofen auf 160 Grad (Umluft) vorheizen.
2. Butter mit Frischkäse, Zucker und Limettenschale in eine große Schüssel geben und mit dem Rührer vermengen. Dann die Eier nach und nach hinzugeben und weiter verrühren.
3. Mehl mit Backpulver und Natron mischen und mit dem Sieb zu den anderen Zutaten in die Schüssel sieben und noch kurz mit dem Löffel gründlich unterheben.
4. Zum Schluss den Limettensaft hineingeben, erneut kurz mit dem Löffel umrühren.
5. Die Cupcake-Wrapper in das Muffinbackblech stellen, zu drei Vierteln füllen und in den Ofen geben und für 18–22 Minuten backen. Stäbchenprobe nicht vergessen!
6. In dieser Zeit das Frosting vorbereiten. Dazu erst die Butter und den Frischkäse vermengen, dann den Puderzucker und die Limettenschale hinzugeben, sehr gründlich mit dem Rührer vermengen, bis das Frosting schön glatt ist.
7. 3 EL des Frostings beiseitenehmen. Das restliche Frosting mit einem Tropfen grüner Lebensmittelfarbe mischen, in den Spritzbeutel mit Tülle füllen und kurz in den Kühlschrank legen.
8. Sobald die Cupcakes ausgekühlt sind (und zwar komplett), die Deckel der Cupcakes abschneiden und beiseitelegen. Mit dem Frosting im Spritzbeutel die gerade Fläche des Cupcakes gleichmäßig mit Tupfen aufspritzen, den Deckel wieder aufsetzen. Mit allen Cupcakes wiederholen und in den Kühlschrank stellen.
9. Die übrigen 3 EL Frosting erneut in einen mit Tülle bestückten Spritzbeutel füllen und auf die Deckel des Cupcakes noch jeweils einen weißen Tupfen geben. Nach Belieben mit dünnen Scheiben der restlichen Limette oder etwas geriebener Schale verzieren.

GEFÜLLTE LIMETTEN-CUPCAKES

FÜR 12 CUPCAKES

KAPITEL III

FESTE FEIERN

It's Partytime! Lassen wir keine Gelegenheit aus, uns das Leben zu versüßen! Bis zum siebten Himmel kleine und große Köstlichkeiten naschen – das wollen wir! Feste feiert man längst nicht mehr, wie sie fallen. Mit wenigen Accessoires und ein paar gelingsicheren Rezepten wird auch ein spontanes Fest garantiert zum »Everybody's darling«.

JA, ICH WILL!

Ein Hochzeitstörtchen. Ein Hochzeitstörtchen? Ja, richtig gehört! Wer schon ein bisschen geübt hat, wird am schönsten Tag groß auftrumpfen können. Ein ganz schön leckeres Törtchen verbirgt sich hinter dem hübschen Dekomantel in Wellenoptik.

ZUTATEN
375 g Butter
300 g Zucker
1,5 TL Vanillearoma
6 Eier
5 EL Buttermilch
300 g Mehl
150 g Speisestärke
1 ½ TL Backpulver
1 Prise Salz

FÜR DIE FÜLLUNG
125 g Mascarpone
50 g Frischkäse, Doppelrahmstufe

60 g Puderzucker bzw. mehr nach Belieben

ca. 10–15 Himbeeren

ZUM UMMANTELN
225 g Mascarpone
75 g Frischkäse
180 g Puderzucker

WERKZEUGE
Streichpalette, klein
Spritzbeutel
Kleine Lochtülle

Spring- oder Silikonform, 20 cm Durchmesser

DEKO
4–5 frische Blüten, z. B. Pfingstrosen

1. Backofen auf 160 Grad (Umluft) vorheizen.
2. Butter, Zucker und Vanillearoma ca. 2 Minuten cremig aufschlagen. Die Eier trennen, Eiweiß beiseitestellen.
3. Buttermilch mit dem Eigelb verrühren und zur Buttermasse geben. Mehl, Speisestärke und Backpulver mischen, dann nach und nach zur Masse geben.
4. Das Eiweiß mit der Prise Salz in eine Schüssel geben und mit dem Rührer steif schlagen. Mit einem Löffel die Masse vorsichtig unter den Teig geben, aber nicht rühren. Die Teigmasse dritteln und Boden für Boden in einer Spring- oder Silikonform für jeweils ca. 30 Minuten backen. Stäbchenprobe nicht vergessen!
5. Alle Zutaten bis auf die Himbeeren ordentlich mit dem Rührer auf niedriger Stufe ca. zwei Minuten vermischen, bis eine glatte Masse entstanden ist. Himbeeren hinzufügen, kurz weiterrühren.
6. Dann das Törtchen zwischen den Böden mit dieser Masse füllen (schau doch noch mal unsere Tipps auf Seite 21 dazu an).
7. Mascarpone und Frischkäse mit dem Rührer auf niedrigster Stufe kurz verrühren, Puderzucker hinzusieben und mit dem Löffel untermischen. Dann die Torte ganz dünn mit dieser Creme ummanteln und für mindestens 1 Stunde in den Kühlschrank stellen.
8. Die restliche Creme in einen Spritzbeutel mit Lochtülle geben. Nun einen Tupfen an den oberen Rand des Törtchens setzen, mit der Palette leicht andrücken und nach rechts wegziehen. Zweiten Tupfen dicht an den verlaufenen Tupfen setzen und wiederholen, bis man zwei Reihen rund um das Törtchen verziert hat. Danach die Torte für mindestens 30 Minuten in den Kühlschrank stellen.
9. Die Blütenköpfe kurz vor dem Anrichten abschneiden und auf die Torte legen. Wer mag, kann aus Stoffresten kleine Dreiecke ausschneiden, auf eine Kordel auffädeln und z. B. mit Stempeln mit den Initialen des Hochzeitspaares bedrucken.

KLEINE
KÖNIGSDISZIPLIN

FÜR 1 TÖRTCHEN
MIT 20 CM
DURCHMESSER

KLEINE PARTYKRACHER

Hoch sollst du leben, hoch sollst du leben, dreimal hoch! Und da sind wir auch schon mittendrin in der Feierei. Vorher haben wir ein paar vanillige Cupcakes mit kleinen Kerzchen gebacken, an denen man sich zum Glück nicht die Finger verbrennen kann. Die Konfettimaschine haben wir auch noch abgefeuert und freuen uns riesig über das gelungene Fest!

ZUTATEN FÜR DIE VANILLE-CUPCAKES
Siehe Basic-Kapitel Seite 26

FÜR DAS FROSTING UND DIE DEKO
40 g Butter
200 g Puderzucker
115 g Frischkäse
½ Päckchen Vanillezucker

2 EL essbares Konfetti (Zuckerkonfetti)

FÜR DIE KERZEN
6 Papierstrohhalme in verschiedenen Farben

Etwas Krepppapier, gelb
Flüssiger Kleber

WERKZEUGE
Mini Muffinblech
12 kleine Cupcakewrapper
Spritzbeutel
Sterntülle groß

1. Zunächst die Papierkerzen vorbereiten. Dazu die Strohhalme halbieren. Aus dem Krepppapier ca. 3 x 3 cm große Quadrate ausschneiden und zwischen zwei Fingern zusammen drehen, sodass eine kleine »Flamme« aus Papier entsteht. Dabei das untere Ende sehr fest zusammendrehen, nach oben hin lockerer werden.
2. Das feste Ende mit etwas Kleber beträufeln und in die Öffnung des Strohhalms stecken, mit allen Halmen wiederholen und trocknen lassen.
3. Den Ofen auf 170 Grad (Umluft) vorheizen.
4. Die Cupcakewrapper in die Mulden des Backbleches legen, zu drei Vierteln mit dem Teig befüllen und die Cupcakes für ca. 12–14 Minuten backen, bis sie leicht braun sind. Stäbchenprobe nicht vergessen!
5. Die Cupcakes vollständig auskühlen lassen.
6. In der Zwischenzeit das Topping vorbereiten. Dazu die Butter in eine Schüssel geben und den Puderzucker hinzufügen. Mit dem Rührer so lange vermischen, bis sich die Butter aufgelöst hat. Dies kann einige Zeit dauern. Dann den Frischkäse dazugeben und so lange verrühren, bis die Masse glatt und homogen ist. Sollte das Frosting zu flüssig sein, gern noch etwas Puderzucker hinzugeben. Das Frosting sollte eine feste, aber immer noch geschmeidige Konsistenz haben.
7. Das Frosting in den mit der Tülle bestückten Spritzbeutel füllen, die Cupcakes mit dem Frosting verzieren und jeden Cupcake mit ein wenig essbarem Konfetti überstreuen. Die Papierkerze vorsichtig in die Mitte des Frostings stecken und losfeiern!

KLEINE PARTYKRACHER

FÜR 12 CUPCAKES

DIY-PARTYHÜTCHEN

Damit alle Gäste in Feierlaune kommen, haben wir Partyhütchen gebastelt. Die sind einfach und schnell gemacht und für einen Kindergeburtstag eine hübsche Sache, um die Kleinen zu beschäftigen. Wir lieben die 1001 Kombinationsmöglichkeiten. Der Kreativität sind hier keine Grenzen gesetzt. Let's celebrate!

Für **4** Partyhütchen

UTENSILIEN

1 Bogen mittelstarke Pappe, Farbe nach Belieben

2 Meter Schleifenband, nach Wahl

Etwas Krepppapier, Farben nach Wahl

Etwas Transparentpapier, Farben nach Wahl

Eventuell Mini-Pompoms aus dem Bastelbedarf, Durchmesser bis zu 5 cm

Tacker
Zirkel
Schere
Kleber, flüssig
Lochzange

Ca. 2 Meter dünnes Gummiband

1. Zunächst vier Kreise mit einem Durchmesser von 32 cm aufmalen und ausschneiden. Die Kreise dann jeweils halbieren. Die Halbkreise zu einem Kegel zusammenschlagen, dafür die Kanten leicht überschlagen und mit einem Tacker fixieren. Den Vorgang mit allen Pappbögen wiederholen.
2. Mit Hilfe der Lochzange zwei gegenüberliegende Löcher in die Hütchen stanzen. Gummiband durchziehen, so halten sie später viel besser auf den Köpfen der Partygäste.
3. Jetzt beginnt die Kreativarbeit. Es gibt 1000 Möglichkeiten, die hübschen Partyhütchen zu gestalten. Hier einige Möglichkeiten, die frei kombinierbar sind:

- **Mit Kreppfähnchen:** Krepppapier in einen 5 cm hohen und ca. 15 cm langen Streifen schneiden. Den Kreppstreifen der Länge nach aufrollen und dann zu 3/4 in sehr schmale Streifen einschneiden – nicht durchschneiden. So entsteht ein hübsches Kreppfähnchen, das man mit etwas Kleber im Hütchen fixieren kann (siehe gelbes Hütchen mit Punkten).
- **Gestreifte Version:** Schleifenband in fünf ca. 15 cm lange Streifen schneiden und von oben nach unten nebeneinander in einem Abstand von ca. 4 cm mit Kleber fixieren (siehe Hütchen hinten rechts im Bild).
- **Mit Schleifenbandborte:** Ca. 1 Meter Schleifenband zurechtschneiden. Schleifenende mit dem Tacker an der Hinterseite des Hütchens fixieren. Schleifenband wellenartig am Rand entlanglegen, dabei bei jeder Schlaufe neu mit dem Tacker fixieren. Dies klappt besonders gut an der Stelle, wo das Schleifenband wieder überlappt, dann sieht man die fixierte Stelle nachher nicht mehr (Hütchen im Vordergrund)
- **Mit Punkten:** Fünf kleine Kreise aus Transparentpapier mit einem Durchmesser von ca. 3-4 cm ausschneiden und mit ein wenig Kleber auf dem Hütchen fixieren.

BABY SHOWER – SWEET TABLE MIT WÖLKCHEN-CUPCAKES

Baby shower: In Deutschland ist das noch nicht allzu bekannt, aber in Amerika und England ein unverzichtbarer Grund zum Feiern. Hier soll die werdende Mama richtig zelebriert werden, und es gibt Geschenke für den baldigen Neuankömmling. Mit hübschen Pompoms, die leicht an der Decke befestigt werden können, schönen Geschenktüten, ein paar Drinks, unserem Ufo-Törtchen aus dem Kinder-Kapitel und herrlichen Wölkchen-Cupcakes mit einem Herz aus Himbeeren ist der Thementisch perfekt!

Für **12** Cupcakes

ZUTATEN FÜR DEN TEIG

250 g Mehl
2 ½ TL Backpulver
½ TL Natron
1 Ei
60 g Zucker
60 ml Öl
200 g Joghurt (3,5%)
12 TK-Himbeeren

FÜR DAS FROSTING

Grundrezept von Seite 28

FÜR DIE CUPCAKE-DEKO

1 DIN-A4-Bogen weiße Pappe
12 Zahnstocher
3 EL Zucker

Blaue Lebensmittelfarbe (z. B. von Wilton)

Klebeband/Masking-Tape

Wölkchen-Ausstecher als Schablone

WERKZEUGE

12 Cupcake-Wrapper
Muffinbackblech
Spritzbeutel
Lochtülle

1. Ofen auf 170 Grad (Umluft) vorheizen.
2. Mehl, Backpulver und Natron in einer Schüssel mischen. Das Ei in einer weiteren Schüssel verquirlen. Zucker, Öl und Joghurt dazugeben und mit dem Rührer kurz verschlagen. Die Mehlmischung hinzugeben und mit dem Rührer so lange vermengen, bis der Teig glatt und homogen ist.
3. Die Cupcakewrapper zu ¾ befüllen und jeweils eine TK-Himbeere in den Teig drücken. Im Blech für ca. 20 Minuten backen. Stäbchenprobe nicht vergessen!
4. In der Zwischenzeit das Frosting vorbereiten und in einen Spritzbeutel mit Lochtülle füllen. Nachdem die Cupcakes ausgekühlt sind, mit dem Frosting verzieren. Zucker in eine Schüssel geben und mit einer Zahnstocherspitze blauer Lebensmittelfarbe gründlich verrühren. Das Frosting mit dem gefärbten Zucker verzieren.
5. Nutze unsere Schablone, um hübsche Wölkchen zu basteln, auf die man auch hervorragend die Namen aller Gäste schreiben kann! Wo ihr alle Dekoelemente für diesen Sweet table findet, erfahrt ihr auf den letzten Seiten des Buches.

Sommerträumchen

Ein Sommertraum in Form eines Törtchens. Was will man mehr? Den fluffigen Biskuitteig kann man gern schon am Vortag zubereiten. Mascarpone und Erdbeeren sind die perfekte Kombi für warme Tage und machen dieses Törtchen zum Liebling. Leckerschmeckeralarm garantiert! Fehlt nur noch ein tolles Kaltgetränk – probier es doch mal mit dem »Melon dich mal«.

ZUTATEN

8 Eier
240 g Zucker

2 Päckchen Vanillezucker

200 g Mehl
60 g Speisestärke
2 TL Backpulver

FÜR DIE CREME

100 ml Schlagsahne
2 EL Milch
100 g Mascarpone

1 Päckchen Vanillezucker

150 g Erdbeeren

FÜR DIE DEKO

150 g Erdbeeren

WERKZEUGE

Backform, Durchmesser 20 cm

Sieb

1. Den Backofen auf 170 Grad (Umluft) vorheizen.
2. Eier in zwei Schüsseln trennen. Die Eigelbe mit dem Zucker und dem Vanillezucker mit dem Rührbesen für ca. 2-3 Minuten cremig aufschlagen.
3. Mehl, Stärke und Backpulver in einer Schüssel vermengen und durchsieben. Dann löffelweise mit dem Rührer auf niedriger Stufe unter die Eimischung geben. Das Eiweiß in einem hohen Behälter steif schlagen und mit einem Spachtel oder einem Esslöffel sehr vorsichtig unter die Masse heben.
4. Den Teig dritteln und die Böden einzeln für je ca. 20 Minuten backen. Stäbchenprobe nicht vergessen.
5. Während der Backzeit die Creme vorbereiten. Dazu die Sahne in einem hohen Behälter steif schlagen und im Kühlschrank aufbewahren. Die Milch zum Mascarpone geben und kräftig verrühren. Dann die Sahne vorsichtig unterheben, ebenso den Vanillezucker. Die Erdbeeren für die Creme waschen, entkelchen und in dünne Scheiben schneiden.
6. Wenn alle Böden vollständig ausgekühlt sind, die Creme halbieren und die Böden damit bestreichen. Auf die Creme jeweils die Erdbeerscheiben legen, sodass die Creme fast bedeckt ist. Böden stapeln (Tipps hierzu gibt's auf Seite 21) und die Torte mit Erdbeeren dekorieren.

SOMMERTRÄUMCHEN

FÜR 1 TÖRTCHEN
MIT 20 CM
DURCHMESSER

KAPITEL IV

SCHOKOHOLICS

Schokolade vertreibt den Blues,
schmeckt immer köstlich und ist unser
liebster Glücklichmacher!
Hier sind unsere Lieblingsrezepte
als Hommage an die göttliche
Happy-Bohne.

SCHOKOMANIAC HOCH DREI

*Hach! Schoko auf Schoko. Kannste haben.
Eigentlich ist dieser Lieblingscupcake sogar ein Triple-Schokoholic.
Teig aus Schoko, Frosting aus Schoko, Deko aus Schoko.
Mehr geht nicht. Mit dem kleinen Strohhalm erinnern diese
Cupcakes an einen köstlichen Milchshake. Yummy!*

Für **12** *Cupcakes oder* **24** *kleine Cupcakes*

ZUTATEN

FÜR DEN TEIG
125 g Butter
140 g Zucker
1 Päckchen Vanillezucker
2 Eier
2 EL Backkakao
150 g Mehl
1 TL Backpulver
½ TL Natron
1 Prise Salz
100 g Sauerrahm

FÜR DAS FROSTING
50 g Vollmilchkuvertüre
200 g weiche Butter
200 g Puderzucker

FÜR DIE DEKO
12 Schokoladenkugeln (Malteser)

6 Papierstrohhalme

WERKZEUGE
12 Cupcakewrapper
Muffinbackblech
Spritzbeutel
Sterntülle

1. Den Ofen auf 160 Grad (Umluft) vorheizen.
2. Butter mit Zucker und Vanillezucker in einem kleinen Topf bei niedriger Hitze schmelzen und beiseitestellen. Die Masse nach dem Abkühlen in eine Schüssel geben und cremig mit dem Rührer aufschlagen. Die Eier einzeln aufschlagen und unterrühren.
3. Das Kakaopulver mit knapp 2 EL kochendem Wasser in einem kleinen Glas zu einer glatten Flüssigkeit vermengen. Dann unter die Masse in der Schüssel geben und erneut verrühren.
4. Mehl, Backpulver, Natron und Salz vermengen und abwechselnd mit dem Sauerrahm löffelweise unter die Masse in der Schüssel rühren, bis der Teig schön gleichmäßig glatt und homogen ist.
5. Die Cupcakewrapper zu knapp ¾ mit dem Teig füllen und für ca. 20 Minuten backen. Anschließend vollständig auskühlen lassen.
6. In der Zwischenzeit das Frosting vorbereiten. Dazu Kuvertüre schmelzen (Tipps dazu gibt's auf Seite 18). Die Butter in einer Schüssel cremig aufschlagen, Puderzucker hinzufügen und so lange verrühren, bis keine Klümpchen mehr zu sehen sind. Die abgekühlte und geschmolzene Kuvertüre hinzufügen und noch einmal vermengen.
7. Frosting in einen mit Sterntülle bestückten Spritzbeutel füllen und die Cupcakes damit verzieren. Schokoladenkugel auf jeden Cupcake geben, Strohhalme halbieren und jeweils einen halben Strohhalm schräg in das Frosting stecken.

VERY BERRY
SCHOKOLADENTARTE

Sonyas Liebling? Hier ist er. Schnell gemacht, gelingsicher und nicht nur was für Schokoholics. Dieser Liebling ist in 30 Minuten fertig für seinen großen Auftritt – er schmeckt warm nämlich am allerbesten!

Für **1** Tarte

ZUTATEN

200 g Schokolade
(mind. 70% Kakaoanteil)

200 g Butter
4 Eier
80 g Zucker
30 g gemahlene Mandeln
60 g Mehl

Dreierlei Beeren nach Belieben (z. B. Brombeeren, Himbeeren, Blaubeeren, jeweils ca. 75 g)

1 EL Puderzucker zum Bestreuen

WERKZEUGE

Silikon- oder Springform, ca. 20 cm Durchmesser

1. Den Ofen auf 160 Grad (Umluft) vorheizen.
2. Die Schokolade mit Butter bei niedriger Temperatur und unter ständigem Rühren schmelzen, beiseitestellen.
3. In der Zwischenzeit die Backform (sofern keine Silikonform verwendet wird) dünn mit Butter einfetten.
4. Eier und Zucker mit dem Rührer cremig und hellgelb aufschlagen, dies dauert ca. 3 Minuten.
5. Die Schokoladenmasse hinzugeben, alles verrühren.
6. Mandeln mit dem Mehl mischen und auf niedriger Stufe mit dem Rührer unter die Masse mischen.
7. Teig in die Form geben und für ca. 16–18 Minuten backen. Der Teig darf bei der Stäbchenprobe gern noch ein wenig kleben bleiben, sollte aber nicht mehr flüssig sein.
8. Großzügig mit Beeren bestreuen und mit Puderzucker bestäuben.

VERY BERRY SCHOKOLADENTARTE

FÜR EILIGE!

DEATH CHOCOLATE CUPCAKES MIT FEIGE

Schokolade macht glücklich. Das ist nicht nur bekannt, sondern wir sind uns dessen auch ganz sicher. Wem es nicht schokoladig genug sein kann, der wird hier sein Lieblingsrezept finden. Schokoholics ahoi! Und das Tollste daran: Die Cupcakes schmecken am zweiten und dritten Tag mindestens genauso gut.

Für **10** *Cupcakes*

FÜR DIE CUPCAKES
Grundrezept von Seite 28
(im Basic-Kapitel)

FÜR DAS FROSTING
250 g Schokolade mit
mind. 65% Kakaogehalt

60 g Backkakao
100 ml Wasser
350 g Butter
200 g Puderzucker
4 Feigen (groß, zum Vierteln)

WERKZEUGE
Cupcakeblech
Wrapper
Spritzbeutel
Tülle (z. B. Sterntülle)

1. Die Cupcakes nach dem Grundrezept von Seite 28 backen.
2. In der Zwischenzeit die Schokolade auf dem Herd bei niedriger Temperatur unter stetigem Rühren schmelzen, dann beiseitestellen und abkühlen lassen.
3. Den Backkakao in das kochende Wasser in einer kleinen Schüssel einrühren. Mit dem Schneebesen so lange rühren, bis sich der Kakao vollständig gelöst hat.
4. In einer zweiten Schüssel die Butter und den Puderzucker mit dem Rührer so lange mixen, bis die Butter hellgelb ist und der Puderzucker sich vollkommen aufgelöst hat. Nun alle Zutaten zu der Butter geben und erneut mit dem Rührer vermischen, bis sich eine ebenmäßige, dunkelbraune Masse gebildet hat. Dies dauert ca. 2 Minuten.
5. Das Frosting sollte so fest sein, dass man beim Rühren Spitzen bilden kann. Sollte das Frosting noch zu flüssig sein, ruhig noch etwas Puderzucker hinzufügen oder im Spritzbeutel kurz in den Kühlschrank legen.
6. Nachdem die Cupcakes vollständig ausgekühlt sind, das Frosting auf die Cupcakes spritzen, hier wurde eine große Sterntülle genutzt.
7. Die Feigen je nach Größe mit einem scharfen Messer vierteln oder halbieren, auf das Frosting setzen.

MÄNNERSCHNITTE

Für echte Kerle. Die außergewöhnliche Mischung aus dunkler Schokolade und salzigem Belag lässt auch echte Kerle dahinschmelzen. Ach, wie praktisch: Dieses Rezept schmeckt noch besser, wenn man es am Vortag backt.

Für **1** Tarte

ZUTATEN

200 g Tafelschokolade mit 70% Schokoladenanteil

200 g Tafelschokolade mit 50% Schokoladenanteil

200 ml Küchensahne (20% Fettanteil)

3 Eigelbe
30 g kleine Salzbrezeln
1 TL Salzflocken

WERKZEUGE

Tarteform, eckig, höchstens 7 x 28 cm

Backpapier

JEDEN TAG EINE GUTE TARTE!

1. Die Schokolade in einem Topf bei sehr niedriger Temperatur und unter ständigem Rühren vollständig schmelzen. Topf beiseitestellen.
2. In einem zweiten Topf die Sahne zum Kochen bringen, von der Herdplatte nehmen.
3. Die Schokolade dazugeben und mit einem Schneebesen unterrühren. So lange verrühren, bis sich eine dunkelbraune, einheitliche Masse ergibt.
4. Einen weiteren Topf mit Wasser zur Hälfte befüllen und zum Sieden bringen. In einer kleinen Metallschüssel oder einem kleinen Topf die Eier über dem Wasserbad mit einem Schneebesen hellgelb schaumig schlagen. Dies dauert ca. 3 Minuten.
5. Die Masse in eine Schüssel geben und die Schokoladenmasse hinzugeben. Mit dem Rührer für weitere 4 Minuten rühren.
6. Die Form mit Backpapier auskleiden, Masse zugeben, Oberfläche mit einem Teigschaber oder einer Palette glatt streichen und über Nacht in den Kühlschrank stellen.
7. Am Verzehrtag mit Brezeln und Salz bestreuen.

KLEINER ESPRESSIONIST

FÜR 1 TÖRTCHEN

ETWAS AUFWENDIGER, ABER SO WAS VON KÖSTLICH!

KLEINER ESPRESSIONIST

Verknallt sind wir – und zwar doll, in dieses Törtchen. Das Tolle daran? Es ist nicht nur ein großer Hingucker, sondern begeistert Schokoholics mit der weißen Version der Lieblingssüßigkeit. Das Beste zum Schluss: Durch die große Menge an Espresso im Teig ist das Törtchen super saftig und schmeckt auch noch drei Tage nach dem Backen perfekt!

ZUTATEN FÜR DEN TEIG

240 ml lauwarmer Espresso (ich habe dafür 2 EL Espressopulver mit 240 ml Wasser aufgekocht)

90 g Butter
250 g Zucker
3 Eier

20 g Crème fraîche (bitte keine Light-Version)

75 ml Pflanzenöl
1 TL Vanillearoma
300 g Mehl
2 TL Backpulver
Eine Messerspitze Salz
½ TL Espresso-Pulver zur Deko

FÜR DIE FÜLLUNG

115 g Butter

85 g qualitativ hochwertige weiße Schokolade

300 g Puderzucker
2 EL Crème fraîche

WERKZEUGE

Spring- oder Silikonform, Durchmesser 14–18 cm. Die Zutaten sind für eine Torte mit einem Durchmesser von ca. 14 cm berechnet. Gerne können auch größere Formen, bis 18 cm, verwendet werden, dann werden die einzelnen Böden etwas flacher.

Spritzbeutel

Kleine Spritztülle nach Wahl

Wenn ihr nicht mit einer Silikonform arbeitet, rate ich dazu, die Metallform/Springform mit Backpapier (auch am Rand) auszukleiden, so bekommt ihr ein schönes Ergebnis. Ich habe den Teig per Waage gedrittelt, damit ich die Böden einzeln backen konnte und diese nachher alle gleich hoch waren – das klappt super.

Bitte umblättern …

KLEINER ESPRESSIONIST

1. Zunächst den Espresso kochen und beiseitestellen. Den Ofen auf 175 Grad (Umluft) vorheizen.
2. In einer großen Schüssel Butter und Zucker für ca. 3 Minuten mit einem elektrischen Rührer hellgelb aufschlagen. Die Eier nach und nach hinzugeben und für weitere 2 Minuten verrühren.
3. Die Crème fraîche in eine kleine Schüssel geben, Öl sowie das Vanillearoma mit einem Schneebesen unterheben, verrühren und anschließend zu der Masse in der großen Schüssel geben. Erneut mit dem Rührer vermischen.
4. Mehl, Backpulver und Salz zu der Masse geben und stetig weiter mit dem Rührer verrühren, bis sich eine gleichmäßige, homogene Teigmasse ergeben hat. Nun den Espresso schluckweise unterrühren, bis dieser sich komplett mit dem Teig verbunden hat. Der Teig wird ziemlich flüssig sein – darüber bitte nicht wundern.
5. Jeden Boden einzeln ca. 30 Minuten backen – Stäbchenprobe nicht vergessen. Es sollte kein Teig am Zahnstocher kleben bleiben.
6. In der Zwischenzeit die Füllung vorbereiten, dazu in einem kleinen Topf die Schokolade mit ganz niedriger Temperatur und ständigem Rühren zum Schmelzen bringen, dann beiseitestellen. In einer Schüssel die Butter hellgelb mit dem Rührer aufschlagen. Die Schokolade, sobald sie abgekühlt ist, hinzugeben. Crème fraîche ebenfalls hinzufügen und erneut verrühren. Sobald sich die Zutaten verbunden haben, den Puderzucker hinzugeben und für ca. zwei weitere Minuten verrühren.
7. Wenn alle Böden komplett (und wirklich komplett) ausgekühlt sind, können diese mit der Creme dünn bestrichen werden. Ihr solltet nach dem Füllen noch 3/4 der Creme übrig haben. Dazu einen Boden auf Backpapier legen, bestreichen, Boden zwei auflegen, diesen wieder oben drauf bestreichen und Boden drei auflegen. Dann mit einer Palette die Creme einmal um das Törtchen streichen. Ich habe das nicht deckend gemacht, so bleibt noch Creme für die Verzierung oben, und es sieht auch hübscher aus.
8. Die übrige Creme (ca. 1/2) in einen Spritzbeutel füllen. Ich habe hier eine relativ kleine, feingezackte Sterntülle benutzt. Kleine Kleckse mit der Tülle von außen nach innen dicht an dicht aufspritzen, bis die Oberseite des Törtchens komplett mit Klecksen bedeckt ist. Zum Schluss eventuell noch mit dem Sieb einen halben Löffel Espressopulver über das kleine Werk sieben.

KLEINER ESPRESSIONIST

FÜR 1 TÖRTCHEN

KAPITEL V

O DU FRÖHLICHE

Fest steht: Wir lieben Weihnachten! Denn vor dem Fest der Liebe darf es glitzern, glänzen und die Backöfen dürfen glühen! Backen hat Hochkonjunktur, und wir stellen traditionelle und innovative Rezepte, dekorativ aufgepeppt, auf den Gabentisch. Denn es heißt ja schließlich: O du fröhliche!

Es weihnachtet sehr! Endlich!

So ein Sweet Table macht ja schon ordentlich was her, dabei ist er gar nicht so aufwendig zu machen, wie es ausschaut. Ein paar entzückende Accessoires und ein Törtchen als Hingucker lassen die Augen aller Gäste leuchten. Wir haben einen kleinen Tisch in den klassischen Weihnachtsfarben rot und weiß zusammengestellt. Geschenke lassen sich wunderbar in kleinen Kraftpapierkartons verpacken, und unser Kakao von Seite 140 ist die perfekte Ergänzung für leuchtende Augen rund um die Weihnachtszeit. Die Anschaffung von zwei oder drei Bonbonieren wird sich auf Dauer rentieren. Sind sie mal nicht im Sweet-table-Einsatz, dann machen sie sich toll als Blumenvasen.

WEIHNACHTSTÖRTCHEN

Unter dem Mantel des köstlichen Törtchens verbirgt sich ein gepimpter Klassiker: eine weihnachtliche Sachertorte (obwohl sie ja eigentlich nur so heißen darf, wenn sie tatsächlich aus dem »Sacher« in Wien kommt ...). Das Tolle an so einer Torte? Sie schmeckt nicht nur phänomenal, sondern lässt sich sogar bis zu einer Woche vor dem Verzehr zubereiten. Man sollte ihr mindestens zwei Tage nach dem Backen Zeit geben, damit die Aprikosenmarmelade in den Teig ziehen kann und dieser dann typisch sacher-saftig wird.

Für **1** Torte mit ca. 18 cm Durchmesser

ZUTATEN
200 g Zartbitterkuvertüre
200 g Butter
200 g Puderzucker
7 Eier
200 g Mehl
3 TL Backkakao
1 TL Backpulver
1 TL Zimt
1 EL Abrieb einer unbehandelten (Bio-)Orange
½ Vanilleschote
1 Prise Salz

FÜR DIE FÜLLUNG
6 EL Rum
1 Glas Aprikosenmarmelade

FÜR DEN SCHOKOLADENÜBERZUG
200 ml Sahne
400 g Zartbitterschokolade

FÜR DEN WEIHNACHTSÜBERZUG
225 g Mascarpone
50 g Crème fraîche
125 g Puderzucker
50 g frische Cranberrys
2 EL feinster Zucker

WERKZEUGE
Backform, Metall oder Silikon, Durchmesser ca. 18 cm

Bitte umblättern ...

Baked
With
Love

Fortsetzung ...

WEIHNACHTSTÖRTCHEN

1. Den Ofen auf 165 Grad (Umluft) vorheizen.
2. Die Kuvertüre in einem Topf über einem heißen Wasserbad langsam zum Schmelzen bringen (hast du unsere Tipps von Seite 18 dazu beachtet?). Die geschmolzene Schokolade beiseitestellen.
3. Die Butter mit dem Rührer cremig rühren, den Puderzucker hinzugeben und weiterrühren, bis die Masse schaumig ist. Dies kann ca. 2 Minuten dauern.
4. Zwei Schüsseln bereitstellen und alle Eier trennen. Das Eigelb dann mit einem Schneebesen kräftig mit der Schokolade im Topf verrühren. Mehl, Kakao, Backpulver, Zimt, Orangenschale und das Mark der Vanilleschote in eine Schüssel geben, mit einem Löffel gut vermengen und beiseitestellen. Das Eiweiß mit dem Salz in einem hohen Behälter so lange schlagen, bis es fast fest ist.
5. Nun abwechselnd die Mehlmischung und den Eischnee unter die Masse mit der Kakaobutter ziehen. Dies gelingt am besten mit einem großen Löffel, dann fällt das Eiweiß nicht zusammen, und der Teig bleibt schön locker.
6. Den Teig dritteln und die Böden einzeln in der vorbereiteten Form backen (Tortentipps auf Seite 21 beachten). Jeder Boden hat eine Backzeit von ca. 28 Minuten. Die Stäbchenprobe nicht vergessen!
7. In der Zwischenzeit die Marmelade mit dem Rum in eine kleine Schüssel geben und glatt verrühren. Dazu gern einen Schneebesen benutzen.
8. Alle Böden vollständig auskühlen lassen, ungerade Wölbungen eventuell abschneiden. Die Tortenböden komplett und großzügig mit der Füllung bestreichen und anschließend stapeln.
9. Für den Schokoladenüberzug die Sahne in einen Topf geben und aufkochen. In dieser Zeit die Schokolade klein hacken und zur Sahne geben. Mit einem Löffel stetig verrühren, bis sich die Schokolade vollständig aufgelöst hat.
10. Die Masse abkühlen lassen, dadurch wird sie etwas fester. Dann die Torte mit dem Schokoladenüberzug vollständig ummanteln. Bis zum Verzehrtag in den Kühlschrank stellen.
11. Der Weihnachtsüberzug wird erst am Verzehrtag zubereitet. Dafür Mascarpone, Crème fraîche und Puderzucker in eine Schüssel geben und kurz mit dem Rührer auf niedriger Stufe vermengen.
12. Die Torte aus dem Kühlschrank nehmen und mit der Creme ummanteln. Die Cranberrys in einer Schüssel im Zucker wälzen und die Torte damit nach Belieben verzieren.

MARSHMALLOW-HAPPEN

Ein Sweet table lebt von vielen verschiedenen Köstlichkeiten. Eine Ruck-zuck-Ergänzung für den Weihnachtstisch sind die kleinen Marshmallow-Happen. Schneller gemacht als gedacht, lassen sie sich wunderhübsch anrichten und vernaschen!

Für **10** Marshmallowhappen

ZUTATEN
2 EL rote Zuckerperlen
50 g Zartbitterschokolade

10 große weiße Marshmallows

FÜR DIE DEKO
5 Papierstrohhalme, rot-weiß

WERKZEUGE
Kleiner Styroporblock

1. Zunächst die Strohhalme halbieren und beiseitelegen. Die Zuckerperlen auf einen Teller geben.
2. Die Schokolade in einem Topf langsam schmelzen lassen. In dieser Zeit die einzelnen Strohhalme in die Marshmallows stechen, sodass der Strohhalm darin stecken bleibt.
3. Die Unterseite der Marshmallows vorsichtig in die geschmolzene Schokolade tunken, kurz abtropfen lassen und dann in die Zuckerperlen tauchen.
4. Die fertigen Marshmallows mit der Strohhalmseite nach unten in den Styroporblock stellen, so können sie problemlos trocknen. Vorgang mit allen Marshmallows wiederholen – und genießen!

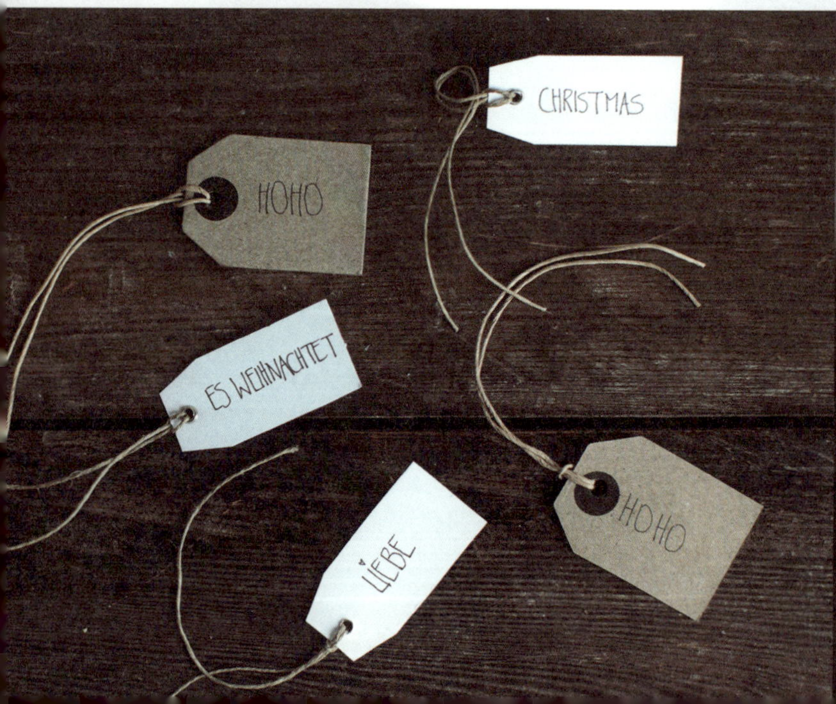

CHRISTMAS

ZIMTSCHNECKENAUFLAUF

Nicht nur die Schweden lieben Zimtschnecken, wir auch, und zwar (Pssst!) 365 Tage im Jahr. Am liebsten warm, dann entfaltet sich das Aroma so richtig. Gut gerollt ist hier die halbe Miete.

ZUTATEN
500 g + 2 EL Mehl
1 Päckchen (7 g) Trockenhefe
50 g + 85 g Zucker
1 Prise Salz
200 ml + 1 EL Milch
1 Ei + 1 Eigelb
5 EL Pflanzenöl
1 TL Zimt
120 g sehr weiche Butter

FÜR DEN ZUCKERGUSS
4 EL Milch
6 EL Puderzucker

WERKZEUGE
Backform, Durchmesser ca. 25cm

Backpapier
Küchentuch
Teigrolle
Dicker Pinsel

1. Zunächst den Hefeteig vorbereiten. Dafür das Mehl, Hefe, 50 g Zucker und das Salz in einer großen, fettfreien Schüssel mit dem Löffel vermischen.
2. Die Milch in einem Topf auf mittlerer Stufe erwärmen, bis sie lauwarm geworden ist, dann langsam zu der Mehlmischung hinzugeben.
3. Ei und Öl zufügen und mit dem Rührer so lange auf mittlerer Stufe vermischen, bis ein glatter Teig entstanden ist. Das Küchentuch mit warmem Wasser tränken und komplett auswringen, über die Schüssel mit dem Teig legen und ca. 1 Stunde gehen lassen, bis sich der Teig verdoppelt hat.
4. In der Zwischenzeit das Backpapier rund mit dem Durchmesser der Form ausschneiden und den Boden der Form damit auskleiden. Den Rand der Backform leicht fetten
5. Für die Füllung 85 g Zucker und Zimt mischen, beiseitestellen.
6. Den Ofen nun auf 160 Grad (Umluft) vorheizen.
7. Nach einer Stunde den Teig erneut mit leicht bemehlten Händen gut durchkneten. Mit einer Teigrolle den Teig quadratisch auf eine Fläche von ca. 40 x 40 cm ausrollen. Der Teig sollte nicht dicker als 1 cm sein. Das Teigquadrat gleichmäßig mit der Butter bis in die Ecken bestreichen, Zucker mit Zimt mischen und deckend über die Butter streuen.
8. Das Teigquadrat nun fest von unten nach oben aufrollen, dann der Länge nach in gleichmäßige, ca. 4 cm dicke Scheiben schneiden und diese nebeneinander von außen nach innen in die Form legen.
9. Ca. 20-25 Minuten auf dem mittleren Rost backen, bis die Zimtschnecken goldbraun geworden sind. Puderzucker und Milch mischen, Zimtschnecken nach der Backzeit aus dem Ofen neben und Flüssigkeit nach Belieben überträufeln.

ZIMT

CHRISTMAS CAKE POPS

Cake Pops gehören in Amerika bereits zum Standardprogramm, und auch bei uns finden die süßen Kuchen am Stiel langsam, aber ganz sicher Gefallen. Vorsicht: Die kleinen Lieblinge haben hohes Suchtpotenzial!

ZUTATEN

2 Pakete Oreo Kekse (je ca. 180 g)

100 g Frischkäse, Doppelrahmstufe

300 g Candy Melts (spezielle Schokolade für Cake Pops) oder weiße Kuvertüre (diese ist farblich nicht so deckend, daher müssen die Cake Pops eventuell zweimal damit ummantelt werden), erhältlich z. B. über www.torten-kram.de

4 Zuckerstangen (weiß-rot)

WERKZEUGE

Styroporblock (z. B. aus dem Blumenladen)

Lollipop-Stiele

1. Die Kekse zunächst in einer Küchenmaschine oder einem Gefrierbeutel und mit dem Nudelholz so fein wie möglich zerkleinern.
2. Die Krümel in einer Schüssel mit dem Frischkäse vermengen. Die Masse sollte nicht zu weich sein, sonst lassen sich nachher keine schönen Kugeln formen. Lieber den Frischkäse nach und nach hinzugeben.
3. Den Teig in kleine Kugeln mit einem Durchmesser von ca. 3–4 cm formen (nicht zu groß, sonst werden sie zu schwer und halten nicht am Stiel) und für mindestens 30 Minuten auf einem Brettchen oder Teller in den Kühlschrank geben, damit sie fest werden können.
4. Die Zuckerstangen mit einem Nudelholz in einem Gefrierbeutel möglichst klein mahlen, in eine Schüssel geben und beiseitestellen.
5. In der Zeit 50 g Candy Melts/Kuvertüre schmelzen (dabei bitte unseren Tipp zum Schokoladeschmelzen aus dem Basic-Kapitel beachten). Lollipopstiel ca. 1–1,5 cm tief in die geschmolzene und unbedingt noch warme Schokolade tauchen und bis zur Hälfte in den Cake Pop stecken.
6. Die Stiele mit der Kuchenkugel in den Styroporblock stecken und mit den anderen Kugeln ebenfalls so vorgehen. Den Block mit den Kuchenkugeln am Stiel erneut für 30 Minuten in den Kühlschrank stellen. Dies führt dazu, dass die Schokolade am Stiel und im Inneren der Kugel aushärtet und die Cake Pops beim letzten Schritt nicht vom Stiel fallen oder brechen.
7. Nun die restliche Schokolade schmelzen und die Cake Pops komplett und kopfüber in die Schokolade tauchen. Vorsichtig abtropfen lassen. Falls die Schokolade nicht deckend genug ist, kurz die Schokoladenschicht antrocknen lassen und erneut mit Schokolade ummanteln.
8. Die Cake Pops sofort in die Zuckerstangenmasse tauchen und einmal um die Achse drehen, damit der Cake Pop vollständig mit den Streuseln überzogen ist. Vorgang mit allen Cake Pops wiederholen.

CHRISTMAS CAKE POPS

FÜR 8 STÜCK

BRATAPFEL-CUPCAKES

Bratapfel? Sieht doch irgendwie anders aus, oder? Stimmt. Wir haben aus dem Winterklassiker einen Cupcake gemacht und sind uns sicher: Er steht seinem Bratapfelbruder in keiner Weise nach. Köstlich, winterlich, wunderbar!

ZUTATEN FÜR DEN TEIG
120 g Mehl
1 Messerspitze Zimt
½ EL Backpulver
120 g Zucker
40 g Butter
120 ml Buttermilch
1 Ei
½ TL Vanillearoma
½ Apfel (z. B. Braeburn)
Saft einer halben Zitrone

FÜR DAS FROSTING
10 kleine Spekulatiuskekse
200 ml Sahne
75 g Puderzucker

FÜR DIE VERZIERUNG
½ Apfel (z. B. Braeburn)
1 TL Apfelsaft
2 EL Rosinen

Eventuell weitere 12 kleine Spekulatius zur Zierde

WERKZEUGE
12 Cupcakeförmchen aus Papier. Hellbraune wie hier, aber auch rote oder weiße machen sich toll als Gewand.

Muffinblech
Spritzbeutel

Offene Sterntülle, 15 mm oder Tülle nach Belieben, Hauptsache die Öffnung beträgt mindestens 1,5 cm

1. Den Backofen auf 170 Grad (Umluft) vorheizen.
2. Für den Teig das Mehl, den Zimt, das Backpulver, den Zucker in eine Schüssel geben, Butter mit einem Messer würfeln und ebenfalls zu den anderen Zutaten geben. Mit dem Rührer auf mittlerer Stufe so lange rühren, bis sich die Butter aufgelöst hat.
3. Die Buttermilch in einen kleinen Behälter füllen, Ei aufschlagen und dazugeben und mit einer Gabel kräftig verrühren. Dann das Vanillearoma ebenfalls hinzugeben, erneut verrühren. Die Flüssigkeit unter Rühren nach und nach zu der Mehlmischung geben, bis ein schöner, zähflüssiger Teig entstanden ist.
4. Den Apfel schälen, entkernen und in sehr kleine Würfel schneiden, mit etwas Zitronensaft beträufeln, damit er nicht braun wird. Die Würfel mit einem Löffel unter den Teig heben.
5. Die Cupcakeförmchen in die Mulden des Bleches stellen und ein wenig mehr als halb voll füllen. Für ca. 18 Minuten in den Ofen geben. Stäbchenprobe nicht vergessen.
6. Die Spekulatius mit einem Mixer (oder in einem Gefrierbeutel mit Hilfe einer Teigrolle) sehr fein mahlen.
7. Sahne mit dem Rührer steif schlagen. Sobald die Sahne fester wird, nach und nach den Puderzucker einrieseln lassen. Spekulatius vorsichtig mit einem Löffel oder Spachtel unter das Frosting heben. In einen Spritzbeutel mit Tülle füllen.
8. Sobald die Cupcakes vollständig abgekühlt sind (sonst läuft das Frosting weg), die Creme aufspritzen. Nachdem alle Cupcakes ihr Häubchen haben, noch einmal kurz in den Kühlschrank stellen.
9. Die restlichen Apfelstücke, Apfelsaft und Rosinen in einen Topf geben und ca. 7–10 Minuten einköcheln. Die Apfelstücke sollten nicht mehr fest sein, aber auch nicht zerfallen. Die Cupcakes aus dem Kühlschrank holen und mit einem Löffel vorsichtig etwas von der Apfelmasse auf das Frosting geben. Wer möchte, kann das Bratapfelspektakel noch mit kleinen Spekulatius on top verzieren.

BRATAPFEL-CUPCAKES

FÜR 12 CUPCAKES

DIY-COOKIE-BACKMISCHUNG

Nichts da! Von wegen 08/15-Backmischung! Wir haben die DIY-Knallermischung für köstliche Kekse zum Selbermachen parat und versprechen: Das ist das ultimative Geschenk. Auf einem hübschen Schildchen, das ans Glas gehängt wird, kann man wunderbar das Rezept notieren. Und das Beste: Um die Mischung zu backen, muss lediglich Butter hinzugegeben werden. Auf die Cookies, fertig, los!

ZUTATEN
200 g Mehl
½ TL Natron
125 g brauner Zucker
125 g Zucker
50 g Kakao
100 g gehackte Mandeln
50 g gehackte Haselnüsse

100 g weiße Schokolade (gehackt oder Drops)

100 g Zartbitterschokolade (gehackt oder Drops)

WERKZEUGE
Trichter

Glas mit Schraub- oder Spangenverschluss, Fassungsvermögen mindestens 1 Liter

Ein wenig Geschenkband
Eine kleine Karte für das Rezept
Evtl. ein Hartgummitier zur Deko
Evtl. Sprühfarbe

1. Das Glas mit Hilfe eines Trichters in folgender Reihenfolge befüllen: Mehl, Natron, brauner Zucker, weißer Zucker, Kakao, Mandeln, weiße Schokolade, Zartbitterschokolade, Haselnüsse (halbiert).
2. Das Glas verschließen und hübsch verzieren.
3. Das Rezept auf einen schönen Anhänger schreiben und mit etwas Geschenkband an das Glas hängen:

* Alle Zutaten in eine große Schüssel geben, 200 g Butter hinzufügen und mit dem Rührer zu einer festen Masse vermischen.

* Teig zu kleinen Kugeln rollen, in der Hand etwas flach drücken und auf ein mit Backpapier ausgelegtes Backblech legen und bei 175 Grad ca. 10 Minuten backen.

Wir haben das Geschenk mit einem hübschen Eichhörnchen verziert, um es etwas weihnachtlicher zu gestalten, die Anleitung dafür findest du auf Seite 36).
Wer es weniger weihnachtlich mag – keine Sorge: Diese Cookies sind Allrounder und können glatt 365 Tage im Jahr gefuttert werden!

KAPITEL VI

KLASSIKER NEU AUFGELEGT

Schwarzwälder-Kirsch? Bienenstich? Käsekuchen? Logo, ein Must-have in jedem Backbuch und auf der Kaffeetafel. Doch wir haben die Klassiker frisch frisiert und ihnen ein hübsches Make-over verpasst. Hier sind unsere Klassiker 2.0.

BIENENSTICH-CUPCAKES

Ein besonderes Schätzchen aus der Reihe der »Wir dürfen nicht fehlen«-Klassiker: der Bienenstich. Schmeckt nach Sommer und schönstem Wetter. Wir haben ihn ein wenig verfeinert und Blaubeeren hinzugegeben. Ein zeitloser Klassiker, neu aufgelegt.

Für **8** Stück

FÜR DIE CUPCAKES
Grundrezept von Seite 26 (siehe Basic-Kapitel)

30 g gemahlene Mandeln
80 + 20 g Blaubeeren

FÜR DAS FROSTING
150 g Butter
200 g Marshmallowcreme
½ Vanilleschote

25 g Mandelblättchen
100 g Zucker
25 g Butter
2 EL Honig
4 EL Schlagsahne

WERKZEUGE
12 Cupcake-Wrapper

Cupcake-Backblech
Spritzbeutel

Lochtülle oder andere große Tülle

1. Den Teig für die Cupcakes nach dem Grundrezept zubereiten. Vor dem Backen die gemahlenen Mandeln und 80 Gramm Blaubeeren mit dem Löffel unterziehen und backen. Die Cupcakes nach dem Backen auskühlen lassen, in der Zwischenzeit das Frosting zubereiten.
2. Dafür die Butter cremig mit dem Rührer aufschlagen, dies dauert ca. 2 bis 3 Minuten. Dann nach und nach die Marshmallowcreme hinzufügen. Die Vanilleschote vorsichtig der Länge nach aufschneiden, das Mark mit der Messerspitze herauskratzen und zu der Creme geben. Für weitere 30 Sekunden verrühren. Die Creme nun in einen Spritzbeutel füllen, hier wurde eine große Lochtülle benutzt.
3. Die Mandelblättchen in einer beschichteten Pfanne ohne Fett anrösten, bis sie goldbraun sind. Achtung: Sie brennen schnell an! Mandeln aus der Pfanne nehmen, beiseitestellen. Zucker in der Pfanne bei schwacher Hitze karamellisieren: Den Zucker so lange aufkochen, bis er braun und dickflüssig geworden ist. Vorsicht, Zucker wird sehr heiß!
4. Dann sofort die Butter und den Honig unterrühren und die Sahne hinzufügen. Alles kurz aufkochen, die Mandelblättchen hinzugeben. Die Masse noch heiß auf dem Frosting des Cupcakes drapieren, auf die Spitze des Frostings zwei bis drei Blaubeeren geben.

SCHWARZWÄLDER-KIRSCH-CUPCAKES

Da wird Oma Augen machen! Aus der geliebten Schwarzwälder-Kirsch-Torte werden mindestens genauso köstliche Cupcakes gemacht. Handlich, klein und unheimlich lecker. Oma wird sich freuen, wir sind uns sicher!

Für **10** Stück

FÜR DIE CUPCAKES
Grundrezept aus dem Basic-Kapitel Seite 26

12 Kirschen

FÜR DAS FROSTING
170 g weiße Kuvertüre

60 g Butter (Raumtemperatur)

200 g Puderzucker
1 Prise Salz
200 g Crème fraîche

DEKO
6 EL Schokostreusel (Zartbitter)

12 hübsche Kirschen

WERKZEUGE
12 Cupcake-Wrapper
Cupcake-Backblech
Spritzbeutel

Lochtülle oder andere große Tülle

1. Den Ofen auf 170 Grad (Umluft) vorheizen.
2. Den Teig für die Cupcakes nach dem Grundrezept zubereiten und in die Wrapper füllen.
3. Die Kirschen entsteinen und in die Mitte des jeweiligen Cupcakes drücken. Cupcakes ca. 23 Minuten backen (Stäbchenprobe nicht vergessen). Cupcakes vollständig abkühlen lassen.
4. Für das Frosting die Kuvertüre mit Hilfe eines Wasserbades vorsichtig schmelzen, beiseitestellen. Die Butter so lange mit dem Mixer aufschlagen, bis sie cremig wird. Dies dauert ca. 2–3 Minuten. Den Puderzucker und das Salz hinzugeben und weiter vermengen. Schokolade und Crème fraîche hinzufügen und so lange rühren, bis die Masse glatt und cremig ist. Dies kann einige Zeit dauern.
5. Das Frosting in einen Spritzbeutel füllen (beliebige Tülle nutzen) und die Cupcakes mit dem Frosting verzieren.
6. Dann auf jeden Cupcake die Kirsche auf die Spitze des Frostings setzen und mit Schokostreuseln dekorieren.

HIMBEER-KÄSEKUCHEN IM GLAS

Sag CHEEESE! Der Käsekuchenklassiker kommt jetzt im Glas daher. Schön geschichtet, liebt ihn groß und klein. Und weil er so gut vorzubereiten ist, lagert er auch gern schon am Vortag des Festes im Kühlschrank.

*Für **4** Gläser*

ZUTATEN
100 g TK-Himbeeren
2 EL Zucker
½ Vanilleschote
8 Vollkornkekse
30 g Butter
100 ml Sahne
225 g Mascarpone
150 g frische Himbeeren

WERKZEUGE
4 Gläser, eventuell mit Schraubverschluss. Größere Einmachgläser eignen sich z. B. hervorragend!

1. Die gefrorenen Himbeeren zusammen mit dem Zucker und dem Mark der Vanilleschote in einem Topf geben. Auf hoher Stufe für ca. 2–3 Minuten zum Kochen bringen, stetig rühren, damit die Masse nicht anbrennt. Zum Abkühlen beiseitestellen.
2. Die Vollkornkekse entweder mit einem Mixer fein zerbröseln oder in einen Gefrierbeutel geben und mit einem Nudelholz zerkleinern. Butter in einen weiteren Topf geben, bei mittlerer Stufe zum Schmelzen bringen und die Kekse hinzugeben. Gründlich vermischen.
3. Die Sahne mit dem Rührer in einer Schüssel steif schlagen. Den Mascarpone vorsichtig mit einem Löffel unterheben, bis sich eine einheitliche Masse bildet.
4. Nun die drei fertigen Zutaten abwechselnd und löffelweise in die Gläser schichten. Mit dem Keksboden beginnen, TK-Himbeeren hinzugeben und als Drittes die Mascarponemasse. Den Vorgang so lange wiederholen, bis das Glas gefüllt ist, obendrauf jeweils ein paar frische Himbeeren geben. Eventuell mit dem Schraubverschluss verschließen und bis zum Verzehr im Kühlschrank aufbewahren.

WEIL SONYA KÄSEKUCHEN LIEBT!

DIY-VOM WINDE VERWEHT

Das Schöne an Cupcakes? Man kann sie sooo toll dekorieren, und zwar nicht nur mit Essbarem. Wir haben hübsche Cupcake-Topper in Form von kleinen Windmühlen gebastelt. Die sehen nicht nur hübsch aus, sondern machen aus jedem Cupcake einen Hingucker und lassen sich auch noch wiederverwenden.

Für **8** *Cupcake-Topper*

UTENSILIEN

1–2 Bögen halbfeste Pappe, gern gemustert

Schere

8 Musterbeutelklammern (Bürobedarf)

Schere
Locher
Lochzange
8 Schaschlikspieße

Masking-Tape oder Klebeband/Tesafilm

1. Acht Papierquadrate in einer Größe von je 8 x 8 cm zuschneiden.
2. Alle vier Ecken zur Mitte hin 6 cm weit einschneiden.
3. Das Papierquadrat auf den Tisch legen und die untere linke Ecke mit dem Locher einmal lochen. Quadrat im Uhrzeigersinn um 90 Grad drehen und wieder die untere, linke Ecke lochen. Vorgang mit allen Seiten wiederholen.
4. Die Mitte des Quadrats einmal mit der Lochzange lochen.
5. Die Löcher im Uhrzeigersinn zur Mitte hin übereinanderlegen und mit einer Musterbeutelklammer fixieren.
6. Schaschlikspieß mit einer Schere halbieren und an der Rückseite des Windrades mit etwas Masking-Tape oder Tesafilm fixieren. Fertig sind die Cupcaketopper!

5

6

PFANNKUCHENTURM
MIT BLAUBEEREN

Tiefstapeln war gestern. Diese Pfannkuchen wollen hoch hinaus, und die eingebackenen Blaubeeren sorgen für ein extra breites Grinsen beim Verzehr.

ZUTATEN
2 EL Butter
250 g Mehl
1 Päckchen Backpulver
1 Prise Salz
2 EL Zucker
200 ml Buttermilch
200 ml Milch
1 EL Vanillearoma
4 Eier

100 g Tiefkühl-Blaubeeren

2 EL Ahornsirup

50 g frische Blaubeeren (optional)

Fett zum Backen

WERKZEUGE
Eine große, beschichtete Pfanne

1. Die Butter in einem Topf bei niedriger Temperatur schmelzen. Sie darf auf keinen Fall kochen.
2. In einer Schüssel das Mehl mit dem Backpulver vermischen.
3. Salz, Zucker, Buttermilch und Milch mit dem Rührer kräftig verschlagen, Vanillearoma dazugeben. Die Mehlmasse hinzugeben und so lange rühren, bis sich alle Zutaten aufgelöst haben.
4. Die Eier zu der geschmolzenen Butter geben, mit einem Schneebesen verschlagen und nach und nach zu der Masse geben.
5. Den Teig mit einem Tuch oder Folie abdecken und für ca. 10 Minuten quellen lassen.
6. Pfanne mit Fett erhitzen, mit Hilfe einer Suppenkelle kleine Kleckse hineingeben. Die Pfannkuchen sollten sich dabei nicht berühren.
7. Herd auf mittlere Stufe herunterschalten, Teig weiter durchbacken. Mit einem kleinen Löffel die noch gefrorenen Blaubeeren gleichmäßig auf der Oberfläche verteilen. Wenn die Unterseite goldbraun ist, die Pfannkuchen wenden. Die Seite mit den Blaubeeren fertig backen. Die Backzeit pro Seite beträgt ca. 3 Minuten.
8. Die fertigen Pfannkuchen nach dem Abkühlen übereinanderstapeln, Ahornsirup auf den obersten Pfannkuchen geben und runterlaufen lassen. Frische Blaubeeren nach Belieben obendrauf geben.

PFANNKUCHENTURM MIT BLAUBEEREN

FÜR CA. 15 KLEINE PFANNKUCHEN

BLITZ-BLECHKUCHEN

Hach! Wie wunderbar! Fluffig kommt er dank der Buttermilch auf den Teller, der Klassiker: Blechkuchen. Mit wenig mehr als einer Handvoll Zutaten und der Möglichkeit, das Obst zu variieren, ist er nicht nur blitzschnell gemacht, sondern auch immer noch ein Liebling auf unseren Tischen! Wir haben den Blitzkuchen in Stücke geschnitten und in kleine Backpapierquadrate gewickelt, so kann jeder im Vorbeihuschen zugreifen.

Für **1** *Blech – Easy Peasy!*

ZUTATEN
400 g Mehl
1 Päckchen Backpulver
150 + 100 g Zucker
300 g Buttermilch
3 Eier
1 TL Vanillearoma

650 g saisonale Früchte nach Wahl, hier wurden Johannis- und Stachelbeeren verwendet (toll schmecken auch Aprikosen und Himbeeren)

2 EL Puderzucker

WERKZEUGE
Kleines Backblech
30 x 25 cm

Backpapier
Sieb

1. Mehl und Backpulver mit 150 Gramm Zucker in einer Schüssel mit einem Löffel vermischen. Buttermilch, Eier und Vanillearoma in einem separaten Behälter verquirlen und langsam mit dem Rührer unter die Mehlmischung geben. Alles zu einem glatten Teig verrühren.
2. Ca. 75 g Obst vorsichtig mit einem Löffel unter den Teig rühren (je nach Obstsorte erst in kleine Würfel schneiden).
3. Den Teig auf ein mit Backpapier ausgelegtes Backblech geben. Die Johannisbeeren gleichmäßig darauf verteilen und mit dem restlichen Zucker bestreuen.
4. Das Blech in den kalten Backofen schieben und auf mittlerer Schiene ca. 30 Minuten bei 200 Grad (Umluft) backen, bis der Kuchen goldbraun ist.
5. Den Kuchen auskühlen lassen, mit dem restlichen Obst bestreuen und großzügig mit Puderzucker bestäuben; dies gelingt am besten mit einem Sieb.

KAPITEL VII

KLEIN, ABER OHO

Es muss nicht immer ein Törtchen sein. Bitte hier entlang zu unseren kleinen, aber spektakulären Köstlichkeiten mit Wow-Faktor. Nachmachen erwünscht!

DIY-BESTECKTASCHEN

Hach. Warum schwer, wenn es so einfach sein kann. Wer keine Lust hat, nach dem Fest noch drei Tage Besteck zu spülen und zu polieren, der wird hier sein Glück finden. Diese hübschen Bestecktaschen eignen sich nicht nur für große Feste, sondern machen sich auch hübsch bei einem Picknick!

Für **6** Taschen

UTENSILIEN

1 Rolle Pappe oder Kraftpapier (mindestens 60 cm breit und 35 cm hoch)

150 cm Dekoband nach Wahl

Holzbesteck (Messer & Gabel und/oder Löffel)

6 Servietten

Eventuell Masking-Tape (hübsches Klebeband, erhältlich in tausend schönen Farben, z. B. bei www.blueboxtree.de)

Schere

Tacker

1. Papier in sechs 10 cm breite und 35 cm lange Streifen schneiden. Alle Streifen der Länge nach auf der Hälfte knicken und die Vorderseite ca. 3 cm breit einschlagen. Die Hinterseite nochmals ca. 2 cm breit einschlagen.
2. Die Taschen an den Längsseiten dicht an dicht mit Tackernadeln fixieren und das Dekoband entlang der Borte ebenfalls mit dem Tacker festklemmen. Die Servietten auf Breite der Bestecktasche falten und zusammen mit dem Besteck in die Bestecktasche geben.
3. Wer mag, kann die Taschen noch mit Namen beschriften, dann machen sie sich zusätzlich noch sehr hübsch als Namenshalter am gedeckten Tisch.

GEFÜLLTE KARAMELLKÖSTLICHKEIT

Wow-Effekt garantiert: Mit einem einfachen Trick werden diese Cupcakes gefüllt und überraschen beim Vernaschen mit einer köstlichen Karamellcreme im Herzen. Für alle Schokoholics und Karamelllover. So was von klein, aber oho!

Für **8** Cupcakes

ZUTATEN
siehe Grundrezept für schokoladige Cupcakes auf Seite 28

FÜR DIE FÜLLUNG
8 TL Karamellcreme (z. B. von Bonne Maman)

FÜR DAS FROSTING
200 g Marshmallowfluff (amerikanischer Brotaufstrich, im gut sortierten Supermarkt erhältlich)

½ Vanilleschote
200 g Butter

WERKZEUGE
8 Cupcakewrapper
Muffinbackblech
Spritzbeutel
Sterntülle

1. Cupcakes nach dem Rezept auf Seite 28 backen und komplett auskühlen lassen.
2. Nun das Frosting vorbereiten. Dazu die Butter mit dem Rührer für 3 Minuten aufschlagen, bis sie schaumig geworden ist. Dann löffelweise das Marshmallowfluff unter stetigem Rühren dazugeben.
3. Die Vanilleschote der Länge nach aufschneiden und das Mark hinzugeben. Erneut für weitere zwei Minuten mit dem Rührer verschlagen, bis das Frosting fertig ist. Das Frosting in eine Sterntülle füllen.
4. Auf jeden Cupcake einen Kreis mit dem Frosting (in einem Abstand zum Rand von ca. 1 cm) aufspritzen.
5. Jeweils einen Teelöffel Karamellcreme in das Loch des Kreises geben. Nun das Frosting mit dem Spritzbeutel turmförmig zu Ende auftragen.

DIE CUPCAKES LASSEN SICH WUNDERBAR AM VORTAG ZUBEREITEN, DÜRFEN ABER NATÜRLICH AUCH SOFORT VERZEHRT WERDEN.

HÖRT, HÖRT, LECKER CURD

It's tea time! Der englische Klassiker Lemon-Curd darf da nicht fehlen. Die köstliche Zitronencreme eignet sich nicht nur als Brotaufstrich, sondern macht sich auch herrlich auf unseren Lemon-Curd-Tartelettes mit Baiser.

ZUTATEN

FÜR DEN TEIG

60 g Butter plus Butter zum Fetten der Förmchen

75 g Zucker

1 Päckchen Vanillezucker

Eine Prise Salz
1 Ei
150 g Mehl

FÜR DIE FÜLLUNG

2 Eiweiß
100 g Zucker
8 EL Lemon-Curd (englischer Brotaufstrich, zu finden im gut sortierten Supermarkt)

WERKZEUGE

Tarteletteförmchen nach Wahl

Frischhaltefolie
Teigrolle

Getrocknete Erbsen o. ä. zum Blindbacken

Evtl. Mini-Flambierer
Spritzbeutel
Lochtülle

1. Backofen auf 160 Grad (Umluft) vorheizen.
2. Für den Teig Butter, Zucker, Vanillezucker und Salz in eine Schüssel geben und mit dem Rührer vermischen. Dann das Ei hinzugeben und erneut verrühren.
3. Das Mehl löffelweise hinzugeben und weitermixen, bis ein homogener Teig entstanden ist. Den Teig in Frischhaltefolie wickeln und für 2 Stunden in den Kühlschrank legen.
4. Anschließend den Teig auf einer bemehlten Arbeitsfläche durchkneten, dann mit einer Teigrolle ca. 1 cm dick ausrollen. Mit den Tartletteförmchen den Teig entsprechend ausstechen, Förmchen fetten und Teig einlegen.
5. Über den Teig jeweils ein kleines Stück Backpapier legen, die Erbsen daraufgeben und ca. 8 Minuten blindbacken. Danach die Erbsen und das Backpapier von den Tartes nehmen und für weitere 5 bis 6 Minuten backen.
6. Die Eiweiße in einen hohen Behälter geben und steif schlagen (dazu bitte unsere Tipps in Sachen Baiser im Basic-Kapitel beachten). Wenn das Eiweiß steif wird, den Zucker langsam einrieseln lassen und komplett steif schlagen.
7. Wenn die Tartelettes ausgekühlt sind, jeweils mit 1 EL Lemon-Curd füllen, 1 EL Baiser darauf verstreichen bis der Boden bedeckt ist. Den Vorgang mit allen Tartelettes wiederholen.
8. Die restliche Baisermasse in den Spritzbeutel füllen und kleine Kleckse auf die Tarteletts geben.
9. Zum Schluss kann man die Baiserkleckse noch etwas flambieren. Dazu den Flambierer auf kleiner Stufe mit ca. 20 cm Entfernung an den Baiser halten und ganz kurz punktuell flambieren. Wer keinen Flambierer hat, kann das Ganze auch im Backofen im Grillmodus machen. Dazu den Ofen auf 160 Grad heizen und warten, bis die Spitzen des Baisers braun geworden sind. Dies dauert maximal 10 Minuten.

HÖRT, HÖRT, LECKER CURD

FÜR 8–10 STÜCK

DER TEIG LÄSST SICH SUPER AM VORTAG ZUBEREITEN

BLÄTTERTEIGBIRNEN
MIT HOMEMADE VANILLESOSSE

Das Leben ist zu kurz, um Blätterteig selbst zu machen. Deshalb nehmen wir die Version aus dem Frischeregal. Lässt sich perfekt verarbeiten und schmeckt so was von yummy! Will man sich oder seinen Gästen mal einen ganz besonderen – geschmacklichen wie optischen – Hingucker präsentieren, dann sollte man zu diesem Rezept greifen:

Für **5** halbe Blätterteigbirnen

ZUTATEN

3 mittelgroße Birnen, Sorte nach Belieben

1 Rolle Blätterteig (frisch, aus der Kühltheke, nicht tiefgefroren)

3 EL Milch

FÜR DIE FÜLLUNG

3 EL gemahlene Mandeln
3 EL Sahne

Birnenwürfel von der halben, übrig gebliebenen Birne

½ Päckchen Vanillezucker, nicht Vanillin

FÜR DIE VANILLESOSSE

1 Vanilleschote
3 Eigelb
2 EL Zucker
2 EL Vanillezucker
1 EL Speisestärke
300 ml Milch

WERKZEUGE

Backpapier
Pinsel
Sparschäler oder Schälmesser

Bitte umblättern ...

BLÄTTERTEIGBIRNEN MIT HOMEMADE VANILLESOSSE

1. Den Ofen auf 180 Grad (Umluft) vorheizen.
2. Die Birnen vorsichtig schälen. Dies funktioniert am besten, wenn man sie erst der Länge nach halbiert und danach mit dem Sparschäler bearbeitet.
3. Das Backblech mit Backpapier belegen. Blätterteig aus der Verpackung nehmen (das Papier dran lassen) und diesen auf dem Backblech ausrollen.
4. Die Birne mit der offenen Seite nach unten auf den Teig legen und mit einem Überstand von ca. 1 cm einmal die Form der Birne mit einem Messer nachschneiden. Diesen Vorgang mit allen Birnenhälften wiederholen.
5. Birnen und Blätterteig vom Papier des Teiges nehmen, mit der offenen Seite der Birne auf das Backpapier legen und den ausgeschnittenen Blätterteig über die Birne legen. Vorsichtig andrücken. Vorgang mit allen Birnen wiederholen. Auf dem Blech zwischen den Birnen ein paar Zentimeter Platz lassen.
6. Nun mit einem scharfen kleinen Messer kleine Kerben in den Blätterteig ritzen; dabei so weit einstechen, dass es leicht mit in die Birne sticht. Wenn alle Birnen fertig sind, dünn mit Milch bepinseln. Wer mag, kann aus den Resten des Blätterteiges noch kleine Blätter ausschneiden und mit ein wenig Milch an das Ende des Birnenstiels kleben. Das sieht besonders hübsch aus. Die Birnen nun für ca. 20 Minuten im Ofen backen, bis der Blätterteig goldbraun ist.
7. In dieser Zeit die Vanillesoße vorbereiten: Die Vanilleschote längs aufschlitzen und mit einem Messerrücken das Mark herausschaben. Eigelb, Zucker, Vanillezucker, Stärke und Vanillemark in einem Behälter mit einem Schneebesen glatt rühren. Mit Milch aufgießen und die Vanilleschote zugeben. Bei schwacher Hitze so lange rühren, bis die Soße dick wird. Die Soße darf nicht kochen. Nach ca. 3 Minuten die Soße vom Herd nehmen und die Vanilleschote entfernen.
8. In einer kleinen Schlüssel alle Zutaten für die Füllung der Birnen vermischen. Birnen aus dem Ofen nehmen und mit der Blätterteigseite nach unten auf den Tellern anrichten. Dann mit einem Esslöffel das Gehäuse entfernen, sodass eine kleine Kuhle entsteht. In diese Kuhle jeweils einen Teelöffel der Füllung geben. Anschließend die Vanillesoße hinzugießen oder in kleinen, separaten Behältern dazustellen.

HERZENSBRECHER

Keine Sorge – diese kleinen Baiserherzchen mit köstlicher Füllung brechen keine Herzen, sondern bringen sie höchstens zum Schmelzen. Für Menschen, denen man eine besondere Freude auftischen will, bestens geeignet. Uns wird warm ums Herz.

ZUTATEN
4 Eiweiß
100 g Zucker

FÜR DIE FÜLLUNG
150 ml Schlagsahne
1 Vanilleschote
200 g Himbeeren
2 EL Puderzucker

WERKZEUGE
Spritzbeutel mit großer Lochtülle

Sieb
Backpapier

1. Zunächst die Eier trennen, Eiweiß in einen Rührbecher geben und mit dem Rührer fast steif schlagen, dann Zucker hinzufügen, für ca. 1 Minute weiterrühren. (Bitte auch unseren Tipp zur Baiserherstellung im Back-ABC beachten.)
2. Ein Stück Backpapier auf Backblechgröße zuschneiden. Nun ca. 10-12 cm große Herzchen mit einem Stift auf das Backpapier malen. Den Vorgang wiederholen. Dann das Backpapier umdrehen und auf das Blech legen; dies verhindert, dass der Stift auf die Herzchen abfärbt.
3. Baisermasse in den Spritzbeutel mit Tülle füllen, die Linie auf dem Backpapier mit dem Baiser nachmalen. Der Rand der Herzen darf dabei ruhig etwas dicker aufgespritzt werden, dies erreicht man durch etwas mehr Druck und langsameres Ziehen der Linien. In das Innere der Herzen jeweils einen walnussgroßen Klecks geben, die Herzchen dann vorsichtig mit ausmalen. Dies gelingt gut mit einem Teelöffel.
4. Den Backofen auf 90 Grad (Umluft) vorheizen, die Baiserherzchen in den Ofen geben und ca. 1 Stunde trocknen lassen. Die Herzchen sollten nicht mehr klebrig sein, wenn sie aus dem Ofen kommen. Falls doch, die Trockenzeit noch etwas verlängern.
5. In der Zwischenzeit die Sahne mit dem Rührer steif schlagen (auch hier die Tipps im Back-ABC beachten). Vanilleschote der Länge nach aufschneiden, Mark herauskratzen und vorsichtig unter die Schlagsahne heben.
6. Wenn die Herzchen vollständig ausgekühlt sind, vom Blech nehmen und mit der Vanillesahne füllen. Zum Schluss auf jedes Herz 8-10 Himbeeren geben, Puderzucker in ein Sieb geben und damit bestäuben.

HERZENSBRECHER

FÜR 6 BAISER-HERZCHEN

SCHÖNE SCHNITTEN

Patisserie-Chefs machen hier bestimmt Augen. Diese gefüllten Blätterteigschnitten sind nämlich nicht nur optisch ein Genuss. Wer schon immer mit kleinen Backkunstwerken begeistern wollte, wird mit diesem Rezept ohne große Mühe einen kulinarischen Hingucker zaubern.

Für **4** Schnitten

ZUTATEN

1 Rolle Blätterteig aus dem Kühl- (nicht Tiefkühl-)regal

225 g Mascarpone
1 Vanilleschote
80 g Puderzucker
100 g Schlagsahne
50 g Himbeeren
20 g Pistazien, gemahlen
2 EL Puderzucker

WERKZEUGE

Zwei Backbleche
Zwei Spritzbeutel
Zwei große Lochtüllen
Sieb

1. Backofen auf 185 Grad (Umluft) vorheizen.
2. Zunächst die Rolle Blätterteig in vier gleich große Streifen schneiden und dann jeden Streifen nochmals halbieren.
3. Die Blätterteigstücke auf ein mit Backpapier ausgelegtes Backblech legen, ein zweites Stück Backpapier auf die Stücke legen und das zweite Backblech darauflegen. So werden die Blätterteigstücke zwischen den beiden Blechen gebacken. Dies verhindert, dass der Blätterteig zu sehr aufgeht.
4. Die Schnitten für ca. 12 Min. backen, dann das obere Blech abnehmen und so lange weiterbacken, bis der Teig goldbraun ist. Dies dauert ca. weitere 4 Minuten.
5. In dieser Zeit den Mascarpone mit dem Mark der Vanilleschote und dem Zucker vermengen. Die Sahne in einem zweiten Behälter steif schlagen und vorsichtig unter den Mascarpone heben.
6. Die Creme halbieren, zu der einen Hälfte die gemahlenen Pistazien geben. Für die andere Hälfte der Creme die Himbeeren pürieren (dies funktioniert am besten mit einem Stabmixer) und unter die Masse heben. Beide Cremes jeweils in einen Spritzbeutel mit Lochtülle füllen und für 10-15 Minuten in den Kühlschrank legen.
7. Sobald die Blätterteigzuschnitte ausgekühlt sind, vier Stück mit der gebackenen Seite nach unten legen.
8. Die Spritzbeutel aus dem Kühlschrank nehmen und abwechselnd die grüne, dann die rosa Creme mit kleinen Tupfen auf den Blätterteig geben, bis keine freie Stelle mehr zu sehen ist. Wenn alle Tupfen aufgetragen sind, ein zweites Stück Blätterteig auf die Creme setzen und zum Schluss kräftig mit Puderzucker bestäuben. Mit allen Schnitten wiederholen.

FÜR DICH

KAPITEL VIII

GESCHENKE MACHEN

... mit Liebe gemacht! Verschenken Sie handgemachte Köstlichkeiten, liebevoll in Szene gesetzt. In diesem Kapitel haben wir die schönsten Geschenke aus der Küche zusammengestellt. Wunderbare Gastgeschenke und kleine Aufmerksamkeiten für »einfach so«. Happy baking & making!

KLEINES GLÜCK – MINI-GUGLS IM EIERKARTON

Über dieses süße Mitbringsel wird sich jeder Gastgeber freuen: schnell gemacht – schön verpackt. Ein leerer Eierkarton gilt hier als transportsicherer Unterschlupf für die kleinen Guglhupfs. Schnell noch selbst probieren, bevor es andere tun!

Für **12** Gugls

ZUTATEN

1 Ei
50 g Puderzucker
100 g Mehl
40 g Butter
1 Prise Salz
50 ml Milch

Abgeriebene Schale einer halben Bio-Zitrone

25 g gemahlene Mandeln

1 Apfel der Sorte Braeburn

WERKZEUGE

Silikonform für Mini-Gugl
Leerer Eierkarton
Einweg-Spritzbeutel
Sieb

1. Den Backofen auf 170 Grad vorheizen.
2. Die Guglform mit Butter leicht ausfetten und mit Mehl gleichmäßig bestäuben.
3. Das Ei in eine Schüssel schlagen und den Puderzucker darüber sieben. Dann Mehl und Butter hinzugeben und alles mit dem Rührer vermischen, bis sich die Zutaten verbunden haben.
4. Die Milch langsam hinzugeben und erneut vermischen, Zitronenschale und Mandeln mit dem Löffel unterziehen.
5. Den Apfel schälen und entkernen, reiben, den überschüssigen Saft abtropfen lassen und das Geriebene unter die Masse geben.
6. Den Teig in einen Spritzbeutel füllen, an der Spitze ca. 1 cm abschneiden und die Form damit Gugl für Gugl fast randvoll befüllen. Danach die gesamte Form leicht und vorsichtig auf die Arbeitsplatte klopfen, sodass sich keine Luftblasen im Teig bilden können.
7. Ca. 20 Minuten backen, kurz auskühlen lassen, Form stürzen, Gugls in den Eierkarton setzen und das kleine Glück bestaunen.

BACKE BACKE
GUGL

DIY-CUPCAKE KIT

Hier ist es: das perfekte Geschenk für kleine und große Backaholics in spe. Mit ein paar gut ausgesuchten Utensilien ist im Handumdrehen ein nicht nur hübsches, sondern auch wirklich praktisches Geschenk für Backbegeisterte gezaubert!

UTENSILIEN

1 hübsche Rührschüssel (ca. 3 Liter)

ca. 10 Cupcake-Wrapper nach Wahl

1 Rührbesen
1 kleines Sieb
1 hübsches Geschirrhandtuch
100 g Marshmallows

30 g Zuckerperlen (Farbe nach Wunsch)

1 Gläschen mit Schraubverschluss

100 g Zucker, weiß oder braun, auch Mehl möglich

2 Zellophantütchen

Etwas Zierband

Das Handtuch auffalten und damit die Schüssel auskleiden. Zuckerperlen und Marshmallows in die Zellophantütchen geben und zubinden. Das Sieb und den Rührbesen in die Schüssel stellen. Die Cupcake-Wrapper, die Perlen und Marshmallows vor den anderen Utensilien platzieren, den Zucker in das Gläschen füllen und ebenfalls einbetten. Wer mag, kann natürlich noch ein Cupcake-Rezept hinzugeben und dieses hübsch auf ein Kärtchen schreiben.

BERLINER SPIESSBURGER

Du willst eine Köstlichkeit verschenken? Nichts leichter als das. Diese Mini-Variante des Berliner Ballens am Stiel lässt sich 1a transportieren und in einer Brotform oder einem Weckglas auch richtig hübsch verschenken. Denn das Schönste ist doch immer noch: Freunden Freude bereiten!

Für ca. **8** Spießburger-Spieße

ZUTATEN
125 ml Milch
100 g Butter
500 g + 1 EL Weizenmehl
1 Päckchen Trockenhefe
30 g Zucker
1 Päckchen Vanillezucker
3 Tropfen Rum-Aroma
1 Prise Salz
2 Eier
1 Eigelb

ZUM FRITTIEREN
750 g Kokosfett
5 EL Zucker

WERKZEUGE
2 Geschirrtücher
Küchenpapier

Abtropfgitter oder Kuchengitter

Großer Topf
Schaumlöffel
8 Schaschlikspieße

DAZU SCHMECKT KARAMELLSOSSE

1. Die Milch in einem kleinen Topf erwärmen und darin die Butter schmelzen, danach beiseitestellen.
2. Nun den Hefeteig vorbereiten. Dazu Mehl und Trockenhefe in einer großen Schüssel mit Hilfe eines Löffels vermischen. Die übrigen Zutaten und die warme Milch-Fett-Mischung hinzufügen und alles mit einem Rührer kurz auf niedrigster, dann auf höchster Stufe in etwa 3 Minuten zu einem glatten Teig verarbeiten.
3. Ein Geschirrtuch mit heißem Wasser tränken, vollständig auswringen und über die Schüssel mit dem Hefeteig legen. Teig ca. 1 Stunde aufgehen lassen, bis er sich sichtbar vergrößert hat.
4. Den Teig mit 1 EL Mehl bestreuen, aus der Schüssel nehmen und nochmals durchkneten.
5. Den Teig dann in kleine Kugeln mit ca. 3 cm Durchmesser rollen und auf Backpapier legen. Die fertigen Bällchen nochmals für 15–20 Minuten mit einem trockenen Geschirrtuch abgedeckt aufquellen lassen.
6. Kurz vor Ablauf der Zeit das Kokosfett in den Topf geben und erhitzen. Das Fett muss so heiß sein, dass sich Bläschen um einen Kochlöffel bilden, wenn man diesen in das Fett steckt.
7. Jeweils vier bis fünf Bällchen nach und nach in das heiße Fett geben und goldbraun backen. Dabei die Bällchen mit dem Schaumlöffel immer in Bewegung halten, sonst kleben sie am Topf an. Mit dem Schaumlöffel herausnehmen, sofort in einem Teller mit Zucker wälzen und zum Abkühlen auf das Küchengitter legen. Etwas Küchenpapier darunterlegen.
8. Nachdem die Spießburger ausgekühlt sind, auf die Schaschlikspieße stecken.

LECKER-SCHMECKER
PFLAUMEN-TRIFLE

Heute sind wir eingeladen. Wie schön! Wir sollen etwas mitbringen. Etwas Essbares vorzugsweise. Machen wir, und zwar mit links. Dieses köstliche Dessert ist nicht nur leicht und schnell zubereitet, sondern auch direkt portionsweise perfekt angerichtet.

ZUTATEN

16 Löffelbiskuits

150 ml Espresso, fertig gekocht und etwas abgekühlt

16 Pflaumen oder Zwetschgen (alternativ funktionieren auch Pfirsiche, sogar aus der Konserve)

4 EL Butter
50 g brauner Zucker
400 g Crème fraîche
1 Vanilleschote
2 EL Kakaopulver

WERKZEUGE

8 kleine Einmachgläser mit Deckel, alternativ mit Schraubverschluss

Sieb

1. Die Löffelbiskuits dritteln, den gekochten Espresso (wenn er nicht mehr so heiß ist) in einen tiefen Teller geben und die Biskuits kurz darin wälzen. Abtropfen lassen und jeweils zwei Biskuits auf den Boden der Gläser geben.
2. Die Pflaumen entsteinen und vierteln. Die Butter bei mittlerer Stufe in einen Topf geben, Zucker und Pflaumen hinzufügen und stetig rühren, bis sich der Zucker und die Butter aufgelöst haben. Kurz abkühlen lassen und auf die Biskuits geben.
3. Dann die Creme vorbereiten. Dafür die Crème fraîche in eine Schüssel geben, die Vanilleschote der Länge nach aufschneiden und dazugeben. Und jeweils ca. einen großen Esslöffel in die Gläser auf die Pflaumen geben.
4. Alle Desserts zum Schluss mit etwas Kakaopulver bestäuben, Deckel drauf und bis zum Verzehr im Kühlschrank lagern

GENUSSKNACKER

Diese knackigen Riegel sind schnell gemacht, sehr easy herzustellen und obendrein auch noch ganz schöne Lieferanten für eine Menge Power! Die gekaufte Variante aus dem Supermarkt kann dagegen einpacken!

Für **10-12** Müsliriegel – Easy peasy!

ZUTATEN

300 g Haferflocken (kernig)
50 g Sonnenblumenkerne
50 g getrocknete Cranberrys
30 g Kokosraspel
50 g Butter
100 g Zucker
100 g Honig

WERKZEUGE

Kleines Backblech (ca. 30 x 25 cm) mit hohem Rand

Backpapier ggfs. Backpapier oder Butterbrotpapier zum Verpacken

ggfs. Garn oder Geschenkband

1. Haferflocken, Sonnenblumenkerne, Cranberrys und Kokosraspel mischen.
2. Butter, Zucker und Honig in einen hohen, großen Topf geben und unter Rühren zum Kochen bringen. 3–4 Minuten kochen, bis die Masse zu karamellisieren beginnt. Die vorgemischten Zutaten unterrühren. So lange rühren, bis alles eine dunklere Färbung angenommen hat.
3. Die warme Masse sofort auf ein mit Backpapier belegtes Backblech verteilen und mit einem Löffel plattdrücken, bis eine ebenmäßige Fläche entstanden ist.
4. Die Masse vollständig auskühlen lassen, bis sie fester geworden ist. Dann in kleine Riegel schneiden.
5. Die Riegel lassen sich in einer luftdicht verschlossenen Dose mindestens 4 Tage aufbewahren, zum Verschenken kann man die Riegel auch in kleine Backpapierstreifen wickeln und die Enden mit einem hübschen Garn schließen.

KAPITEL IX

BACKEN MIT KINDERN

Backe backe Kuchen – kunterbunt, kinderfreundlich und köstlich. Backen mit und für Kinder ist einfach das Größte! Wir haben ganz besondere Rezepte aufgetischt, die nicht nur die Kleinen zum Strahlen bringen.

UFO-TÖRTCHEN

Wohoooooo! Ein lecker-saftiges Nusstörtchen mit einer Füllung aus weißer Schokolade! Was will man mehr? Dieses Törtchen wird den Kleinen schmecken und seine optische Aufmachung garantiert für große Augen sorgen. Ein Überflieger, findest du nicht auch?

Für **1** Törtchen

ZUTATEN
Siehe Grundrezept Nusstörtchen Seite 23

FÜR DIE FÜLLUNG UND ZUM UMMANTELN
250 g weiße Kuvertüre

90 g Butter (Raumtemperatur)

300 g Puderzucker
1 Prise Salz
300 g Crème fraîche

FÜR DIE DEKO
Zwei Tüten Brauseflummis à 75 g
Zwei Schaschlikspieße
1 Brausekette (vom Kiosk)

1. Das Törtchen in drei Böden nach dem Grundrezept backen und komplett auskühlen lassen.
2. Die Kuvertüre über einem heißen Wasserbad vorsichtig schmelzen und beiseitestellen (Achtung, weiße Schokolade ist eine Diva! Beachte unsere Tipps auf Seite 18). Die Butter so lange mit dem Mixer aufschlagen, bis sie cremig wird. Den Puderzucker und das Salz hinzugeben und weiter vermengen. Schokolade und Crème fraîche hinzufügen und so lange rühren, bis die Masse glatt und cremig ist – dies kann einige Zeit dauern.
3. Beide Tortenböden mit einem Drittel der Creme bestreichen und aufeinanderstapeln. Das Törtchen nach der Methode auf Seite 21 mit dem restlichen Frosting ummanteln und für 10 Minuten in den Kühlschrank stellen.
4. In dieser Zeit den Dekotopper aus der Brausekette vorbereiten. Dazu die Kette vorsichtig an einer Stelle aufschneiden und die beiden offenen Enden mit mehreren Knoten fixieren, sodass die Brausetaler nicht herunterrutschen können. Die Gummienden um den Schaschlikspieß binden, fertig ist der Dekotopper fürs Törtchen.
5. Törtchen rundum mit den Brauseflummis bekleben; sie haften sehr gut auf dem Frosting. Einfach vorsichtig dicht an dicht andrücken. Dabei am besten an der Oberkante beginnen. Sollte nach unten hin noch ein Stück frei bleiben, können die Flummis gern halbiert werden, um diese Lücke zu schließen. Zum Schluss die Flummis auf die Oberseite des Törtchens legen. Die Torte dann nochmals für mindestens 2 Stunden in den Kühlschrank stellen.

FLOWER-POWER-CUPCAKES

Grüner Daumen? Fehlanzeige? Kein Problem. Diese Variante braucht weder Wasser noch Pflege rund um die Uhr, sondern will einfach nur vernascht werden. Die kleinen Blüten sind schnell aus Marshmallows gezaubert, und im Inneren versteckt sich ein leckerer Lolli. Als Blumenerde dient ein köstlicher Schokocupcake. Doppelter Genuss, große Freude.

Für **12** Stück

ZUTATEN
125 g Butter
150 g Zucker
1 Päckchen Vanillezucker
2 Eier
2 EL Backkakao
150 g Mehl
½ TL Backpulver
½ TL Natron
1 Prise Salz
100 g Sauerrahm

3 EL Schokoladenbrotaufstrich

5 Schokoladencookies (dienen als Blumenerde)

FÜR DIE BLUMEN
12 große weiße Marshmallows

12 runde Lollis

50 g weiße Kuvertüre

WERKZEUGE
12 hübsche Cupcakeförmchen

Muffin-Backblech
Nudelholz
Gefrierbeutel
Silikonpinsel

1. Den Ofen auf 170 Grad (Umluft) vorheizen.
2. Butter mit Zucker und Vanillezucker in einem kleinen Topf bei niedriger Hitzezufuhr schmelzen und beiseitestellen. Die Masse in eine Schüssel geben und die Eier unterrühren. Dann das Kakaopulver in eine kleine Schüssel geben und mit 2 EL kochendem Wasser verrühren. Die Kakaomasse zu der Masse in der anderen Schüssel geben und glattrühren.
3. Mehl, Backpulver, Natron und Salz in einer Schüssel vermischen. Je einen Löffel des Mehlgemischs, dann je einen Löffel Sauerrahm unter die Masse mit der Butter und dem Kakao geben, bis alle Zutaten vermischt sind und der Teig schön glatt gerührt ist.
4. Die Förmchen in das Backblech stellen, jeweils zu drei Vierteln befüllen und für ca. 19 Minuten backen – Stäbchenprobe nicht vergessen! Die Cupcakes aus dem Ofen nehmen und mindestens 15 Minuten auskühlen lassen.
5. In dieser Zeit die Cookies in einen Gefrierbeutel geben und mit dem Nudelholz so klein wie möglich mahlen. Die lauwarmen Cupcakes »obenrum« mit etwas Schokoladenbrotaufstrich bestreichen. Die gemahlenen Cookies in einen tiefen Teller schütten und die bestrichenen Cupcakes kopfüber darin wälzen.
6. Die Cupcakes beiseitestellen, vollständig auskühlen lassen. In dieser Zeit die Marshmallowblümchen vorbereiten. Dazu jeweils einen Marshmallow in fünf gleich große Scheiben schneiden. Dabei darauf achten, dass man die Schnitte jeweils etwas schräg ansetzt, damit die Stücke nach oben hin spitz zulaufen. So entsteht die Blütenform. An der breiten Seite der Marshmallowstücke einen kleinen Streifen abschneiden, dann kleben sie besser an den Blumen.
7. Die Kuvertüre im Topf vorsichtig schmelzen, jedes Marshmallowstück mit ein ganz klein wenig Schokolade bestreichen, kurz antrocknen lassen und vom Stiel aus an die Lollis kleben. Den Vorgang mit allen Blüten wiederholen.
8. Die Blumen ca. 30 Minuten im Kühlschrank trocknen lassen, dazu am besten schon in die Cupcakes stecken. Die Cupcakes eine Stunde vor dem Verzehr aus dem Kühlschrank nehmen.

KRINGEL-DICH-DONUTS

The American way of Krapfen: der Donut. Dies ist eine Hommage an das Gebäck aus Übersee. Die Möglichkeiten, ihn zu gestalten, sind quasi grenzenlos, und so wird er zum Liebling der Kleinen (und Großen). Ein köstlich-fluffiger Leckerbissen mit dem berühmt-berüchtigten Loch in der Mitte.

Für **8-10** Donuts

ZUTATEN

FÜR DEN DONUT

2 Päckchen Trockenhefe
1 TL + 125 g Zucker
50 ml lauwarmes Wasser
750 g Mehl
1 Päckchen Vanillezucker
1 TL Salz
75 g zerlassene Butter
300 ml lauwarme Milch
2 Eier

FÜR DIE GLASUR

1 Eiweiß
185 g Puderzucker, gesiebt
Zuckerperlen nach Belieben

ZUM AUSBACKEN

750 g Kokosfett

WERKZEUGE

Teigrolle

Kreissaustecher ca. 8 cm und 3 cm

Küchenpapier
Küchenrost/Backrost
Schaumlöffel

1. Die Trockenhefe in lauwarmem Wasser mit 1 TL Zucker in einer Schüssel verrühren und 10 Minuten stehen lassen, bis sie schäumt.
2. Das Mehl mit dem restlichen Zucker, Vanillezucker und Salz mischen, den Hefebrei zugeben und mit dem Löffel gut durchrühren. Dann zerlassene, lauwarme Butter, lauwarme Milch und verschlagene Eier dazugeben und mit dem Knethaken des Rührers zu einem weichen Teig kneten. Mit einem Küchenhandtuch bedeckt an einer warmen Stelle mindestens eine Stunde gehen lassen. (Wie gelingt mir ein Hefeteig? Schau doch mal hier: Seite 16 Basic-Kapitel).
3. In der Zwischenzeit die Glasur vorbereiten. Dazu das Ei trennen, das Eiweiß in einen hohen Behälter geben und unter Rühren den Puderzucker einrieseln lassen.
4. Den Teig durchkneten und etwa 1,5 cm dick ausrollen. Mit dem größeren Kreisausstecher die Donuts ausstechen, mit dem kleinen Kreissaustecher jeweils mittig das Loch des Donuts ausstechen. Die Donuts auf ein mit Backpapier ausgelegtes Backblech legen und mit einem Küchenhandtuch zugedeckt für weitere 45 Minuten ruhen lassen.
5. In dieser Zeit das Küchenpapier zweifach auf der Arbeitsfläche auslegen und den Backrost darüberstellen. Darauf werden später die fertig ausgebackenen Donuts gelegt, damit das Fett abtropfen kann.
6. Das Kokosfett kurz vor Ende der Ruhephase der Donuts in einen großen Topf geben und vollständig schmelzen. Das Fett hat die richtige Temperatur, wenn man einen Holzkochlöffel (alternativ Schaschlikspieß) in das Fett hält und sich daran Bläschen bilden (ca. 175 Grad).
7. Die Donuts einzeln in das Fett geben, stetig mit dem Schaumlöffel wenden, bis beide Seiten hellbraun sind. Mit dem Schaumlöffel herausnehmen und auf den Rost legen.
8. Sobald die Donuts ausgekühlt sind, kann die Glasur in einen tiefen Teller gegeben werden, und die Donuts können kopfüber damit glasiert werden. Zuckerperlen aufstreuen und die Glasur fest werden lassen. Dies dauert ca. 45 Minuten.

DIY-WABENBÄLLE MIT TASSELGIRLANDE

Okay, hier ist sie, die schönste Partydekoration aller Zeiten! Luftballons waren gestern, heute stehen Tasseln auf dem Plan. Weit, weit her von Übersee sind sie jetzt endlich zu uns rübergeschwappt und schmücken jede Party. Natürlich können die Farben variiert werden; wir haben es mädchenmäßig gehalten – think pink!

Für **3** *Wabenbälle mit Tasselgirlande*

UTENSILIEN

3 Wabenbälle
(z. B. über Blueboxtree)

9 Pakete Seidenpapier in drei verschiedenen Farben (erhältlich im gut sortierten Bastelladen)

3 Meter Schleifenband, mindestens 0,5 breit

Küchengarn
Tacker
Schere

Masking-Tape
(im Bastelladen)

0,5 m Blumendraht
Reißzwecken

1. Seidenpapierbögen auf ca. 25 cm Breite zuschneiden (Achtung! Unbedingt darauf achten, dass die geschlossene Kante des Seidenpapiers erhalten bleibt. Gemeint ist die Knickkante der Bögen, die entsteht, weil das Papier mehrlagig gefaltet ist.)
2. Das Papier mit einer Schere in Streifen einschneiden. Dabei zur geschlossenen Seite hin ca. 1,5 cm Abstand lassen, der nicht eingeschnitten wird.
3. Papierbogen aufklappen, auf einem Tisch mehrlagig ausbreiten.
4. An der Unterseite anfangen, das Papier aufzurollen.
5. Tasseln komplett aufrollen und in der Mitte, an der gerollten Stelle, auf die Mitte knicken.
6. Mit dem Finger eine Schlaufe bilden und diese mit einem Stück Blumendraht fixieren.
7. Vorgang mit allen Papieren wiederholen.
8. Schleifenband auf jeweils einen Meter zuschneiden. Den Anfang des Bandes durch die Schlaufe der Tassel ziehen und mit einem Stück Küchengarn zuknoten.
9. Die Schlaufe hübsch mit Masking-Tape umwickeln.
10. Mit dem langen Ende des Schleifenbandes die anderen Tasseln mit einem Abstand von je ca. 10 cm anbringen. Es sollten an jeder Tassel mindestens 6 Tasseln hängen.
11. Nun je einen Wabenball bereitlegen und den kurzen Anfang des Schleifenbandes an dem Wabenball mit dem Tacker zweifach fixieren. Wabenball öffnen und mit den vorhandenen Klebestellen zusammenkleben.
12. Tasseln mit der Schnur am Wabenball mit einer Reißzwecke unter die Decke hängen.

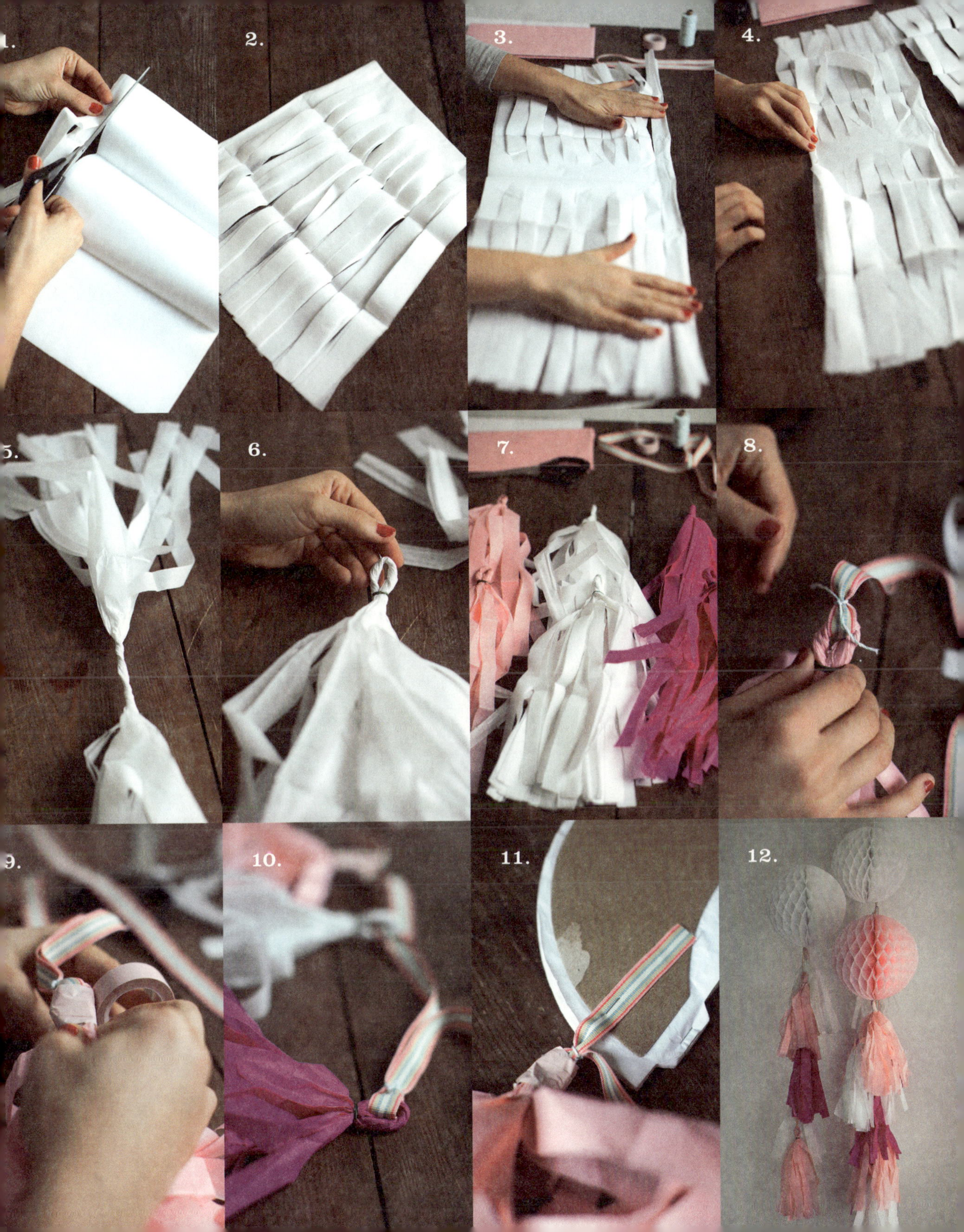
2.
3.
4.
5.
6.
7.
8.
9.
10.
11.
12.

KAPITEL X

DRINK ME

08/15-Getränke zu handgemachten Köstlichkeiten waren gestern. Selbstgemachte Limonade, geschmackvolle Eiswürfel und andere besondere Rezepte sind die perfekten Begleiter und ebenso tolle Durstlöscher. In hübschen Gläsern und Karaffen sind sie nicht nur ein Hingucker, sondern auch die perfekte Ergänzung zu unseren Backrezepten.

MR. MARSHMALLOW

Kakao. Seelentröster. Einheizer. Leckerschmecker-Liebling. We love Kakao und zaubern eine neue Variante – mit Marshmallow. Herrlich schokoladig, mit dem gewissen Extra.

Für **4** *Gläser – mit oder ohne Schwips!*

ZUTATEN

800 ml Milch

50–75 g Zartbitterschokolade (je nachdem, wie intensiv der Kakao schmecken soll)

4 EL kleine Marshmallows

50 ml Schlagsahne bzw. 75 ml Milch, wer keine Sahne, sondern leckeren Milchschaum als Krönung haben möchte

1 EL Kakaopulver

2 cl Rum (für die Variante mit Schwips)

WERKZEUGE

4 hitzebeständige Gläser oder Tassen

Evtl. Milchschäumer
Sieb

1. Die Sahne in einem hohen Behälter steif schlagen. Wer Milchschaum auf seinem Kakao möchte, bereitet diesen erst zu, wenn der Kakao fertig ist, sonst fällt er in sich zusammen.
2. Die Milch bei mittlerer Hitze in einen Topf geben, die Schokolade hacken und hinzugeben. Mit dem Schneebesen verrühren und so lange aufkochen, bis sich die Schokolade vollständig aufgelöst hat. Dabei nicht aufhören zu rühren. Dann 3 EL Marshmallows in den Kakao geben und erneut aufköcheln, bis auch diese sich aufgelöst haben. Bei der alkoholischen Variante nun den Rum dazugeben.
3. Für die Milchschaumvariante jetzt die Milch aufschäumen.
4. Den Kakao in die Gläser füllen, jeweils einen Esslöffel Sahne bzw. Milchschaum auf den Kakao geben, darauf jeweils vier bis fünf kleine Marshmallows legen. Die fertigen Kakaogetränke jeweils mit etwas Kakaopulver garnieren.

EISIGER CHAI LATTE

Chai bedeutet nichts anderes als gesüßter Gewürztee. Mit Milch wird er zum perfekten Törtchenbegleiter, dem Chai-Latte. Unbedingt nachmachen, probieren und süchtig werden – garantiert!

Für **4-5** Gläser

ZUTATEN
240 ml Wasser
1 Sternanis (ganz)
1 Zimtstange (ganz)
4 Nelken (ganz)
4 Kardamonschoten, geknackt
3 dünne Späne frischer Ingwer
40 g brauner Zucker
3 Teebeutel schwarzer Tee

800 ml frische Milch oder Sojamilch (vegane Variante)

WERKZEUGE
Eiswürfelbereiter/
Eiswürfelbeutel

Sieb

1. Einen kleinen Topf mit dem Wasser füllen, alle Gewürze und Zucker hinzugeben und zum Kochen bringen. Nach ca. zwei Minuten von der Platte nehmen und 5–10 (je nach Stärkewunsch) Minuten ziehen lassen.
2. Topf zurück auf die Platte stellen und erneut zum Kochen bringen. Teebeutel hinzufügen, vom Herd nehmen und weitere 3–5 Minuten ziehen lassen. Die Teebeutel entnehmen, Flüssigkeit durch ein Sieb in eine Kanne gießen.
3. Nun die Eiswürfelbereiter mit der fertigen Flüssigkeit befüllen und für mindestens 4 Stunden ins Eisfach stellen.
4. Zum Servieren 2–3 Eiswürfel in ein Glas geben und mit ca. 200 ml Milch pro Glas auffüllen.

EISIGER CHAI LATTE

AUCH VEGAN!

VIVA-ITALIA-LIMONADE

Leckerschmecker-Limonade. Hausgemacht, so soll es sein, und einfach dazu. Diese Limonade ist der perfekte Begleiter zu allen Rezepten mit Beeren.

Für ca. **1** *Liter*

ZUTATEN
50 g Zucker
60 ml Leitungswasser

25 Blätter frisches Basilikum

2–3 reife Zitronen

1 Liter Mineralwasser mit Kohlensäure

Eventuell Eiswürfel

WERKZEUGE
Behälter für Limonade (sterilisierte Glasflasche, Karaffe oder Ähnliches)

Sieb

1. Zucker mit dem Wasser in einem Kochtopf aufkochen, bis sich der Zucker vollständig in der Flüssigkeit aufgelöst hat.
2. Basilikumblätter in schmale Streifen schneiden und hinzugeben. Bei niedriger Temperatur ca. 5 Minuten einkochen.
3. Die Flüssigkeit vom Herd nehmen und weitere 15 Minuten ziehen lassen.
4. In dieser Zeit die Zitronen pressen, sodass 100 ml Zitronensaft entstehen, Kerne entfernen.
5. Den Zitronensaft zu der aufgekochten Flüssigkeit in den Topf geben und die gesamte Flüssigkeit durch ein Sieb geben, sodass die Basilikumblätter abgefiltert werden.
6. Die Flüssigkeit in die Flasche/Karaffe füllen, mit Mineralwasser auffüllen und für mindestens eine Stunde kalt stellen oder Eiswürfel zum sofortigen Verzehr hinzugeben.

VIVA-ITALIA-LIMONADE

SAUER MACHT GLÜCKLICH!

ERDBEER-RHABARBER-LIMONADE

Wie schön, dass Erdbeeren und Rhabarber zur gleichen Zeit reif werden! Diese Limonade ist die perfekte Ergänzung zur Sommerträumchen-Erdbeertorte von Seite 54.

ZUTATEN

250 g frische, reife Erdbeeren
200 g Rhabarber
100 g Zucker
800 ml Wasser
Saft von einer Zitrone
Ein paar frische Minzblätter
Eiswürfel, nach Bedarf

WERKZEUGE

Glaskaraffe oder Glasflasche, bzw. Gläser bei direktem Verzehr

Stabmixer
Strohhalme, falls gewünscht

1. Die Erdbeeren entkelchen, vierteln, den Rhabarber schälen und in ca. 3 cm dicke Stücke schneiden.
2. Erdbeeren und Rhabarber in einen mittelgroßen Topf geben und mit dem Zucker bestreuen. Fünf Minuten ziehen lassen. Wasser hinzugeben und alles zum Kochen bringen. Für ca. 20 Minuten aufkochen und gelegentlich verrühren.
3. Topf von der Kochstelle nehmen und auskühlen lassen. In der Zwischenzeit Zitronensaft pressen und in den Topf geben. Nun mit dem Stabmixer fein pürieren, bis keine Stücke mehr zu sehen sind. Sollte die Flüssigkeit noch zu dick sein, ein wenig Wasser hinzugeben.
4. In eine Karaffe oder in Gläser füllen, eventuell Eiswürfel zugeben und mit Minzblättern garnieren.

ERDBEER-RHABARBER-LIMONADE

FÜR CA. 1 LITER

MELON DICH MAL

Sommer, Sonne, Wassermelone. Bei heißen Temperaturen kommt dieser Drink auch gern solo daher. Wer erst mal die Wassermelone nach Hause getragen hat, zaubert diesen köstlichen Sommerdrink im Handumdrehen. Für Erwachsene gibt's das Ganze sogar auf Wunsch mit Schwips! Cheers!

Für **6** *Gläser – mit oder ohne Schwips!*

ZUTATEN

1 kg Wassermelone, möglichst kernarm und reif

1 Limette
400 ml Sprudelwasser
10 Minzblätter
Eiswürfel nach Belieben

4 cl Wodka (falls mit Schwips gewünscht)

1. Die Wassermelone von der Rinde befreien und in Würfel schneiden. Hat die Melone Kerne, diese bitte bestmöglich entfernen.
2. Die Stücke in einen Mixer geben, die Limette auspressen und den Saft dazugeben. Das Ganze so lange pürieren, bis keine Melonenstücke mehr zu sehen sind.
3. Das kalte Wasser oder Mineralwasser dazugeben und mit einem Kochlöffel umrühren. Die Minzblätter dazugeben. Den Deckel auflegen und im Kühlschrank sehr gut durchkühlen lassen. Falls die alkoholische Variante gewünscht ist, vorher noch den Wodka zugeben, dann umrühren.
4. Eine Glaskaraffe oder die Gläser mit Eiswürfeln nach Belieben füllen, den Wassermelonendrink darübergießen, fertig. Melon dich mal!

PUNSCH DIR WAS

Wer einen Punsch zubereitet, sollte darauf achten, dass die Flüssigkeit nicht kocht: Nur so bleiben die Aromen und – wenn vorhanden – der alkoholische Anteil erhalten. Wir haben unseren Lieblingspunsch für kalte Tage mitgebracht, eine Mischung aus Apfel und Holunder, aufgepeppt mit den köstlichen Gewürzen. Happy punsching!

*Für **6** Gläser/Tassen à ca. 175 ml – mit oder ohne Schwips!*

ZUTATEN
700 ml naturtrüber Apfelsaft

350 ml Holundersaft, rot
(Apotheke oder Reformhaus)

1 Orange
1 Vanilleschote
1 Zimtstange

4 cl Amaretto (wer die »Mit Schwips«-Variante wünscht)

FÜR DIE DEKO (WER MÖCHTE)
½ Apfel

WERKZEUGE
6 Gläser
Kleine Blumenausstecher

1. Beide Säfte in einen Topf geben, die Orange auspressen, die Kerne entfernen und den Saft der Orange dann mit in den Topf geben. Vanilleschote der Länge nach aufschneiden, das Mark hinzugeben und die Zimtstange mit in den Topf geben. Alle Zutaten gut verrühren.
2. Wer die alkoholische Variante wählt, gibt jetzt noch den Amaretto hinzu. Den Punsch bei mittlerer Hitze für 10 bis 15 Minuten ziehen lassen, nicht kochen!
3. In der Zwischenzeit kann, wer will, den Apfel in Scheiben schneiden und kleine Blümchen ausstechen. Diese kann man nachher hübsch mit in den Punsch geben.
4. Den Punsch in die Tassen/Gläser füllen, Apfelscheiben oder Blümchendeko hinzugeben, warm genießen.

PUNSCH DIR WAS

PERFEKTER BEGLEITER ZU ZIMTSCHNECKEN UND SCHOKOLADENEN KÖSTLICHKEITEN

BANANAMAMA

Okay, wir haben uns einen Knaller für den Schluss aufgehoben. Einen Milchshake, der einfach alles hat, was ein kulinarisches wie auch optisches Highlight braucht. Zugegeben: Er benötigt nicht unbedingt einen essbaren Begleiter, dieser Milchshake ist ein ebenso guter Solokünstler. Mit Banane, Schokolade und einem Schuss Sahne.

Für **4** *Gläser à 200 ml*

ZUTATEN
3 frische Bananen ohne braune Stellen

650 ml Milch
4 EL Schokoladenbrotaufstrich
1 Vanilleschote
Eiswürfel nach Belieben
100 ml Sahne

FÜR DIE FÜLLUNG
50 g weiße Schokolade

3 EL kleine Zuckerperlen, Farbe nach Belieben

4 Cocktailkirschen, nach Belieben

WERKZEUGE
4 Gläser á 200 ml
4 Strohhalme
Standmixer oder Pürierstab
Spritzbeutel
Sterntülle

1. Zunächst werden die Gläser aufgehübscht. Dafür die weiße Schokolade vorsichtig, bei sehr niedriger Temperatur, in einem Topf zum Schmelzen bringen (wie das funktioniert? Schau mal hier: Seite 18). Währenddessen die Zuckerperlen in einen tiefen Teller schütten.
2. Wenn die Schokolade vollständig geschmolzen ist, die Ränder der Gläser in die Schokolade tauchen, sodass der Rand ca. 1 cm breit davon ummantelt wird. Kurz abtropfen lassen und den Rand in den Teller mit den Zuckerperlen tauchen, bis dieser vollständig ummantelt ist. Der Rand sollte nur dünn mit den Perlen bedeckt sein, sonst rutschen sie wieder herunter. Die Gläser zum Trocknen beiseitestellen.
3. Die Bananen schälen und dritteln. Zusammen mit der Milch, dem Schokoladenbrotaufstrich und dem Mark der Vanilleschote in einen großen Behälter geben und pürieren, bzw. in den Standmixer geben. Wer einen leistungsstarken Standmixer nutzt, kann auch jetzt schon, falls gewünscht, die Eiswürfel hinzugeben. Den Shake für mindestens 2 Minuten gründlich pürieren, bis er keine Stücke mehr enthält und sich die Schokoladencreme aufgelöst hat.
4. Den Milchshake in den Kühlschrank stellen. In dieser Zeit die Sahne steif schlagen (wer das noch nie gemacht hat, beherzigt am besten unser Back-ABC ab Seite 18).
5. Die Gläser nun mit den Shakes befüllen, Sahne in den Spritzbeutel mit Tülle geben, aufspritzen und jeweils mit einer Coktailkirsche garnieren. Strohhalm reinstecken und genießen.

BANANAMAMA

SAVE THE BEST
TILL LAST!

Register

Rezepte von A bis Z

B
Baby-Shower 52
Backmischung 84
Bananamama 152
Berliner Spießburger 122
Bienenstich-Cupcakes 88
Blätterteigbirnen mit Homemade Vanillesoße 109
Blechkuchen 98
Blitz-Blechkuchen 98
Bratapfel-Cupcakes 82

C
Chai Latte 142
Christmas Cake Pops 80
Cookie-Backmischung 84
Cupcakes 42, 48, 52, 58, 62, 82, 88, 90, 104, 132
Cupcakes Grundrezepte 26, 28
Cupcakes mit Feige 62

D
Death Chocolate Cupcakes mit Feige 62
Donuts 134

E
Eisiger Chai Latte 142
Erdbeer-Rhabarber-Limonade 146
Espressionist 67

F
Flower-Power-Cupcakes 132
Frosting Grundrezepte und Tipps 25, 25
Frühlingsmuffins mit Aprikosen und Mandeln 38

G
Gefüllte Karamellköstlichkeit 104
Gefüllte Limetten-Cupcakes 42
Genussknacker 126
Getränke 140, 142, 144, 146, 148, 150, 152

H
Herzensbrecher 112
Himbeer-Käsekuchen im Glas 92
Hört, hört, lecker Curd 106

J
Ja, ich will! 46

K
Karamellköstlichkeit 104
Kleines Glück: Minigugls im Eierkarton 118
Kringel-Dich-Donuts 134

L
Lecker-Schmecker Pflaumen-Trifle 124
Limonade 144, 146

M
Männerschnitte 64
Marshmallow-Happen 76
Melon dich mal 148
Milchshake 152
Minigugls im Eierkarton 118
Mohndieu-Törtchen 34
Möhrenglück 32
Mr. Marshmallow 140
Muffins 41
Müsliriegel 126

O
Osterkränzchen 36

P
Partykracher 48
Pfannkuchentraum mit Blaubeeren 96
Pflaumen-Trifle 124
Punsch dir was 150

S
Schokoladentarte 60
Schokomaniac hoch drei 58
Schöne Schnitten 114
Schwarzwälder-Kirsch-Cupcakes 90
Sommerträumchen 54

T
Tarte 60, 64 106
Törtchen 32, 34, 46, 54, 67, 72, 130
Torten Grundrezepte 22, 23

U
Ufo-Törtchen 130

V
Very berry Schokoladentarte 60
Viva-Italia-Limonade 144

W
Weihnachtstörtchen 72
Wölkchen-Cupcakes 52

Z
Zimtschneckenauflauf 78

Bastelanleitungen und Basics von A bis Z

B
Backformen 12
Backofen 15
Backpapier 12
Backpulver 15
Backrost 13
Baiser 15
Bestecktaschen 102
Blätterteig 15
Blindbacken 15
Blumendraht 136
Butter 15

C
Cake Pops 16
Cupcakes 15, 25-28
Cupcake-Kit 120

D
Dekoband 102

E
Eier 16

F
Frosting 16, 25, 28

G
Garprobe 16
Grundrezepte 16, 22f., 26-28
Gummiband 50
Gummitiere 36

H
Hefeteig 16
Heizklebepistole 36
Holzbesteck 102
Honig 16

I
Icing 16

K
Kakao 17
Krepppapier 50
Kühlen 16
Kurzzeitwecker 12

L
Lebensmittelfarbe 17
Lightprodukte 17
Lochzange 50, 94

M
Manschetten 17
Marmeladengläser 36
Masking-Tape 94, 102, 136
Messbecher 12
Mehl 17
Muffins 17
Musterbeutelklammern 94

N
Natron 17
Nudelholz 13

O
Obers 17
Osterversteck 36

P
Palette 12
Partyhütchen 50
Pinsel 12
Pompoms 50
Puderzucker 17

R
Rosinen 17
Rührgerät 12

S
Sahne 17, 18
Schaschlikspieße 94
Schleifenband 50, 136
Schokolade schmelzen 18
Schüsseln 13
Seidenpapier 135
Sekundenkleber 36
Servietten 102
Sieb 13
Spachtel 12
Spritzbeutel und Tülle 13, 25, 29
Sprühlack 36

T
Tasselgirlande 136
Teigroller 13
Tiefkühlbeeren 18
Torten backen 20-23
Transparentpapier 50

U
Unterheben 18

W
Waage 13, 18
Wabenbälle mit Tasselgirlande 136
Werkzeuge 12f.
Windrädchen 94

Z
Zirkel 50
Zucker 18

Das will ich backen: die wichtigsten Zutaten von A bis Z

A
Ahornsirup 96
Amaretto 150
Apfel 82, 118, 150
Apfelsaft 82, 150
Aprikosen 41
Aprikosenmarmelade 72

B
Baiser 112
Bananen 152
Basilikum 144
Beeren 46, 52, 54, 60, 88, (92), 96, 98, 112, 146
Birnen 109
Blätterteig 109, 114
Blaubeeren 60, 88, 89, 96
Blüten 46
Brauner Zucker 41, 84, 125, 142
Brauseflummis 130
Brausekette 130
Brombeeren 60
Buttermilch 22, 26, 28, 32, 46, 82, 96, 98

C
Candy Melts 80
Cocktailkirschen 152
Cranberrys 72, 127
Crème fraîche 67, 72, 90, 91, 125, 130

E
Eiswürfel 144, 146, 148, 152
Erdbeeren 52, 54, 146
Espresso 67, 125

F
Feigen 62
Frischkäse 28, 32, 34, 35, 41, 42, 46, 48, 80

H
Haferflocken 127
Hagelzucker 38
Haselnüsse 23, 84
Hefe 38
Himbeeren 46, 52, 60, 92, 106, 112, 114
Holundersaft 150
Honig 41, 89, 127

I
Ingwer 142

J
Joghurt 52

K
Kaffee 67
Kakaopulver 22, 28, 58, 63, 72, 84, 125, 133, 140
Karamellcreme 104
Kardamom 142
Kirschen 91
Kokosfett 123, 135
Kokosraspel 127
Krokant 32
Küchensahne 65
Kuvertüre, dunkel 58, 72
Kuvertüre, weiß 80, 91, 130, 133

L
Lebensmittelfarbe 28, 35, 42, 52
Lemon Curd 106
Limetten 42, 148
Löffelbiskuit 125
Lollis 133

M
Malteser 58
Malzbier 22, 28
Mandelblättchen 41, 89
Mandeln 60, 84, 89, 109, 118
Marshmallowcreme 89
Marshmallowfluff 104
Marshmallows 76, 120, 133, 140
Marshmallows, klein 140
Mascarpone 34, 46, 52, 54, 72, 92, 106, 114
Mineralwasser 144, 148
Minze 146, 148
Mohn 35
Möhren 32
Müsli 126

N
Natron 42, 52, 58, 84, 133
Nelken 142
Nutella 23, 133, 152
Orange 150
Orangenschale 72
Oreo-Kekse 80

P
Pfirsiche 125
Pflanzenöl 32, 52, 67, 78, 125
Pflaumen 125
Pistazien 114
Puderzucker 28, 32, 35, 42, 48, 58, 60, 63, 67, 72, 78, 82, 91, 98, 112, 114, 118, 130, 135

Q
Quark 23

R
Reismehl 41
Rhabarber 146
Rosinen 82
Rum 72, 140
Rum-Aroma 123

S
Sahne 52, 72, 82, 89, 92, 109, 112, 114, 140, 152
Salzbrezeln 65
Salzflocken 65
Sauerrahm 58, 133
Schokolade 58, 60, 63, 65, 67, 72, 76, 80, 84, 91, 130, 133, 140, 152

Schokolade, dunkel 60, 63, 65, 72, 76, 84, 140
Schokolade, Vollmilch 65
Schokolade, weiß 67, 80, 84, 91, 130, 133, 152
Schokoladenaufstrich 23, 133, 152
Schokoladencookies 133
Schokoladenkugeln 58
Schokostreusel, dunkel 91
Sojamilch 142
Sonnenblumenkerne 127
Spekulatius 82
Sternanis 142

T
Tee 142
Trockenhefe 78, 123, 135

V
Vanillearoma 32, 46, 67, 82, 96, 98
Vanilleschote 26, 28, 72, 89, 92, 104, 109, 112, 114, 125, 150, 152
Vanillezucker 23, 48, 52, 58, 106, 109, 123, 133, 135
Vollkornkekse 92

W
Wassermelone 148
Weinstein-Backpulver 23, 41
Wodka 148

Z
Zimt 32, 41, 72, 78, 82, 142, 150
Zitrone 35, 82, 106, 144, 146
Zitronenschale 118
Zuckerkonfetti 48
Zuckerperlen 76, 120, 135, 152
Zuckerstangen 80
Zwetschgen 125

DIE IM BUCH ENTHALTENEN ANGABEN UND REZEPTE SIND VON DEN AUTORINNEN UND DEM VERLAG RECHERCHIERT UND GEPRÜFT WORDEN. DENNOCH KANN KEINE RUNDUM-GARANTIE FÜR DAS GELINGEN ÜBERNOMMEN WERDEN.

Sponsoren

Riesigen Dank an alle Sponsoren! Ganz vorne *Blueboxtree*, für das Zur-Verfügung-Stellen vieler und vor allem wunderschöner Materialien. Danke, dass ihr auch die größten Pakete noch schnell in Eilaktionen versandt habt. Ebenso *Garn & Mehr*, ihr produziert das wunderschönste Bäckergarn überhaupt. Danke an *Nostalgie im Kinderzimmer*, der *PomPom Manufaktur*, *RICE DK*, *Zierrat und Gold* und dem *Sunday morning shop*, ihr alle habt tolle Materialien bereitgestellt,mit denen wir unsere Backwaren perfekt inszenieren konnten.

Aufmacher *Feste Feiern*:
Wabenbälle von *Miss Étoile* über *Blueboxtree*

Aufmacher *Geschenke machen*:
Küchengarn von *Garn & Mehr*

Aufmacher *Klein, aber oho*:
Platte von *Butlers*

Bananamama:
Dekoglas von *Mason Ball* über *Blueboxtree*;
Strohhalme von *Blueboxtree*;
Liebesperlen von *Fun Cakes* (z. B. über *www.tolletorten.de*)

Berliner Spießburger:
Milchkännchen von *ASA*;
Geschirrhandtuch von *H. Skjalm P.* über www.mikkili.com

Bienenstich-Cupcakes:
Geschirrtuch und Holzbrett von *Fog Linen Work* über *Sunday morning shop*;
Cupcakemanschetten von *Blueboxtree*

Blitz-Blechkuchen:
Backform von *IKEA*

Bratapfel-Cupcakes:
Mini-Tortenständer von *ASA*;
Cupcakewrapper gefunden bei *Amazon*

Christmas Cake Pops:
Teller von *IB Laursen* über *Nostalgie im Kinderzimmer*;
Zuckerstangen rot/weiß von *world of sweets*;
Geschirrtuch von *Fog Linen Work* über *Sunday morning shop*

Death chocolate Cupcakes mit Feige:
Teller groß von *IB Laursen* über *Nostalgie im Kinderzimmer*

DIY-Cookie-Backmischung:
Eichhörnchen von *Schleich*;
Glas von *Butlers*

DIY-Cupcake-Kit:
Rührschüssel von *IB Laursen* über *Nostalgie im Kinderzimmer*;
Cupcakewrapper von *Blueboxtree*;
Küchengarn von *Garn & Mehr*;
Dekoglas von *Mason Ball* über *Blueboxtree*

DIY-Bestecktasche:
Stoffservietten und Teller von *Butlers*;
Holzbesteck von *Bambu* über *Blueboxtree*;
Milchfläschchen und Strohhalme aus Papier über *Blueboxtree*

Eisiger Chai Latte:
Gläser von *Miss Étoile* über *Nostalgie im Kinderzimmer*

Erdbeer-Rharbarber-Limonade:
Karaffe von *Weck*

Flower-Power-Cupcakes:
Cupcakewrapper von *Blueboxtree*

Frühlingsmuffins mit Aprikosen und Mandeln:
Cupcakewrapper von *Blueboxtree*;
Backformen in Schwarz und Silber von *Zierrat und Gold*

Gefüllte Limetten-Cupcakes:
Silberne Backförmchen von *Zierrat und Gold*

Genussknacker:
Silbertablett von *Zierrat und Gold*

Himbeer-Käsekuchen im Glas:
Gläser mit Schraubverschluss von *Mason Ball* über *Blueboxtree*;
Geschirrhandtuch von *Fog Linen Work* über *Sunday morning shop*;
Tasselgirlande von *Garn & Mehr*

Hört, hört, lecker Curd:
Teller von *Villeroy & Boch*;
Gabel von *Zara Home*

Ja, ich will!:
Tortenständer von *Blueboxtree*

Kleine Osterkränzchen:
Mini-Tortenständer von *Rosanna* über *Blueboxtree*;
Milchkännchen von *ASA*

Kringel-dich-Donuts:
Milchflasche von *Weck*

Lecker-Schmecker Pflaumen-Trifle:
Gläser & Vase von *Weck*;
Teller von *IKEA*

Mini-Gugls im Eierkarton:
Eierkartons von *Blueboxtree*;
Schälchen von *ASA*

Männerschnitte:
Tarteform von *PME*;
Kleine Tarteform von *Zierrat und Gold*

Möhrenglück:
Tortenständer von *Bloomingville* über *Nostalgie im Kinderzimmer*

Pfannkuchenturm mit Blaubeeren:
Teller von *IB Laursen* über *Nostalgie im Kinderzimmer*;
Metallbecher von *PME*;
Geschirrtuch von *Fog Linen Work* über *Sunday morning shop*

Schwarzwälder-Kirsch-Cupcakes:
Cupcakewrapper gefunden bei *Amazon*

Sommerträumchen:
Tortenständer von *Blueboxtree*;
Küchenschürze *IKEA*

Verry Berry Schokoladentarte:
Milchfläschchen und Strohhalme aus Papier von *Blueboxtree*;
Geschirrtuch von *Fog Linen Work* über *Sunday morning shop*

Viva-Italia-Limonade:
Gläser von *RICE DK*;
Strohhalme von *Blueboxtree*;
Geschirrtuch von *Fog Linen Work* über *Sunday morning shop*

Wabenbälle mit Tasselgirlande:
Seidenpapier z. B. über *www.idee-shop.de*

Weihnachtstörtchen:
Faltrosetten aus Papier, Strohhalme aus Papier und kleine Geschenkboxen von *Blueboxtree*;
Kakaobecher von *IKEA*;
Tortenständer & Glasständer von *Strauss Innovation*

Zimtschneckenauflauf:
Backform von *PME* (z. B. über *www.tolletorten.de*)

Nicht gelistete Gegenstände sind Fundstücke von Trödel-und Antikmärkten, auf denen man einfach die weltallerschönsten Sachen finden kann!

Bezugsquellen

Blueboxtree:
www.blueboxtree.com

Nostalgie im Kinderzimmer:
www.nostalgieimkinderzimmer.de

Garn & Mehr :
www.garn-und-mehr.de

PomPom Manufaktur :
www.pompomyourlife.de

RICE DK: www.rice.dk

Zierrat und Gold :
www.zierratundgold.bigcartel.com

Sunday morning shop:
www.sundaymorningshop.com

Dank

Logo, ein Buch schreibt sich nicht von allein – besonders geholfen und dazu beigetragen haben aber: Sonya, danke, dass du mir dieses Projekt anvertraut und mit mir geteilt hast; wir zusammen gebrainstormed und kreiert haben. Es war mir eine Freude, mit dir dieses Herzblut-Projekt zu verwirklichen.

Amanda Berens, durch meine Linse gesehen, die weltallerbeste Fotografin. Danke, dass du es ermöglichst, dass sich Arbeit mit dir dank deiner wertvollen Tipps, deiner unermüdlichen Energie, deinem Honigkuchenpferdlächeln, deinem Können und Wissen anfühlt wie Urlaub. Danke, dass du Fotos für uns gemacht hast, bei denen einem das Wasser im Mund zusammenläuft.

Meinen Eltern für jede Sekunde Unterstützung in Sachen Buch und natürlich weit darüber hinaus. Meiner Mami für ihre grenzenlose Hilfe und ihre Backlehre in frühen Jahren und das Zur-Verfügung-Stellen von wertvollen Rezepten, die bisher immer wohl gehütet waren. Meinem Dad für Last-Minute-Besorgungen wie Baumscheiben, Holzuntergründe und andere grobe Materialien. Es ist und bleibt so: Ihr seid einfach die Besten! Danke, dass es euch gibt.

Meinem Herrn Liebling für das Verständnis von durchbackenen Nächten und Wochenenden, für das Schleppen von tonnenweise Mehl und Puderzucker und dafür, dass du dich selbstlos jedem einzelnen Probeessen zur Verfügung gestellt hast und somit der beste Geschmackstester bist, den ich mir vorstellen kann. Für immer.

Eure Jessi

Ich danke meiner Oma Hannah, die mir stets die Welt mit Puderzucker versüßte! Deine Sonya

Originalausgabe

Textredaktion: Dr. Ulrike Strerath-Bolz
Umschlaggestaltung: © Sandra Taufer, München
unter Verwendung eines Entwurfs von Christina Krutz
Einband-/Umschlagmotiv: © Amanda Berens, Köln
Innengestaltung und Satz: Christina Krutz, Biebesheim
Gesetzt aus der Simon Script, Little Days Alt und Josefin Slab
Druck und Einband: Himmer AG, Augsburg

Printed in Germany
ISBN 978-3-431-03895-8

5 4 3 2 1